国家破産ではなく国民破産だ! 下

Not National Bankruptcy,
but Citizen Bankruptcy!

浅井 隆

第二海援隊

国家破産ではなく国民破産だ！〈下〉

第四章　これから日本で何が起きるのか

第五章　政府はゾンビのように生き残り、国民の財産を収奪する

第六章　あなたが生き残るための秘策

エピローグ

※注　本書では一米ドル＝一四七円で計算しました。

第四章　これから日本で何が起きるのか

あらゆる矛盾は、一度極限まで行く。

ジョージ・ソロス

「国家、破産」ではなく「国民、破産」

本書の上巻では歴史を振り返り実際に国家破産した国の状況について詳しくお伝えした。これまで実に多くの国が破産しているし、複数回破産を経験している国も珍しくないことがおわかりいただけたことと思う。

ただし、たとえ国が破産してもその国家が消滅するわけではない。そのあたりが民間企業とは違うところで、企業の場合は経営破綻すると買収されたり廃業するなどして消滅するケースも少なくないが、国家の場合はどんなに絶望的な状況にあっても存続する。

そこには、その国で暮らす人々の生活があるからだろう。「万策尽きました。これにて、私たちの国家は解散します！」というわけには行かないのだ。

個人の場合もそうだ。自己破産などで個人が経済的に破綻した場合、「あなたは破綻したので、消えてもらいます」とはならない。その点で、国家破産と個人の破産は似ている。そして、国家が個人（国民一人ひとり）の集合体である以上、国家が破産すればその国で暮らす国民も国家破産の影響から逃《のが》れることはできない。国家と国民は言わば一蓮托生《いちれんたくしょう》であり、国家破産はすなわち国民破産を意味するということなのだ。

ポピュリズム（大衆迎合主義）やばら撒き政治により、負担を大きく上回る受益が国民にもたらされれば、やがてそのゆがみは国の財政に蓄積する。そのゆがみがいよいよ限界に達すると、国家財政は回らなくなり破綻する。

破綻した財政を立て直すにはどうすればよいか？　簡単なことだ。それまでのトレンドを反転させればよい。すなわち、受益を大きく上回る負担を国民に強《し》いて、その犠牲を踏み台にして財政再建を図るほかない。

もちろん、理屈の上では「簡単なこと」と言えるが、国民だって過大な負担を押し付けられて黙っているはずもなく、実際には一筋縄では行かないはずだ。それでも国民の負担が大幅に増すのは避けようもなく、その結果、大多数の国民生活は困窮する。これが、「国民破産」ということだ。

ギリシャの復活とギリシャ国民の受難

このような国家と国民との関係を示す好例が、最近のギリシャだ。

二〇一〇年代、ギリシャは財政赤字の隠《いん》ぺい発覚を機に財政危機に陥ったが、最近になって目覚ましい復活を遂げている。経済成長率は二〇二一年が八・四％、二〇二二年が五・九％と大きく伸びている。ＧＤＰの二割を占め、ギリシャ経済を支える観光業は、新型コロナウイルス感染拡大前の水準をほぼ回復した。二〇二三年、二〇二四年の経済成長率もユーロ圏全体を上回ると予想するエコノミストが目立つ。新型コロナパンデミックの影響で悪化した財政も、急速に改善が進む。二〇二二年には早くも基礎的財政収支（プライマリーバランス）の黒字化を達成した。コロナ禍の二〇二〇年にはＧＤＰ比二一二％まで膨れ上がった政府債務残高は、二〇二二年には一七七％に縮小した。

一三ページの図は、ギリシャと日本の政府債務残高（ＧＤＰ比）の推移を示したグラフだ。これを見ると、両国とも新型コロナ対策に伴い財政支出が増加した二〇二〇年に債務残高は急増しているが、二〇二一年以降は日本の債務残高が二五〇～二六〇％で高止まりしているのに対し、ギリシャの債務残高は大幅に減少しているのがわかる。

一時は「SD」（選択的債務不履行）にまで落ちたS&Pグローバル社によるギリシャの格付けは、毎年のように引き上げられいまやBB＋（ダブルBプラス）だ。同社は、二〇二三年四月にはギリシャの格付け見通しを「安定的」から「ポジティブ」に変更しており、格上げの可能性が高まる。正式に格上げとなれば、BBB－（トリプルBマイナス）となる。

BB＋とBBB－はわずか一ランクの違いだが、実は両者の間には雲泥の差がある。一般にBBB－以上は「投資適格級」とされ、BB＋以下は「投機的格付け」と分類されるのだ。簡単に言えば、合格と不合格というほどの違いと言える。BBB－は決して高格付けとは言えないがギリギリ合格ラインに入るわけで、その意味は非常に大きいと言える。投資適格級になれば、債券指数に

ギリシャと日本の政府債務残高（GDP比）の推移

（1980〜2023年：2022年、2023年は推計値）

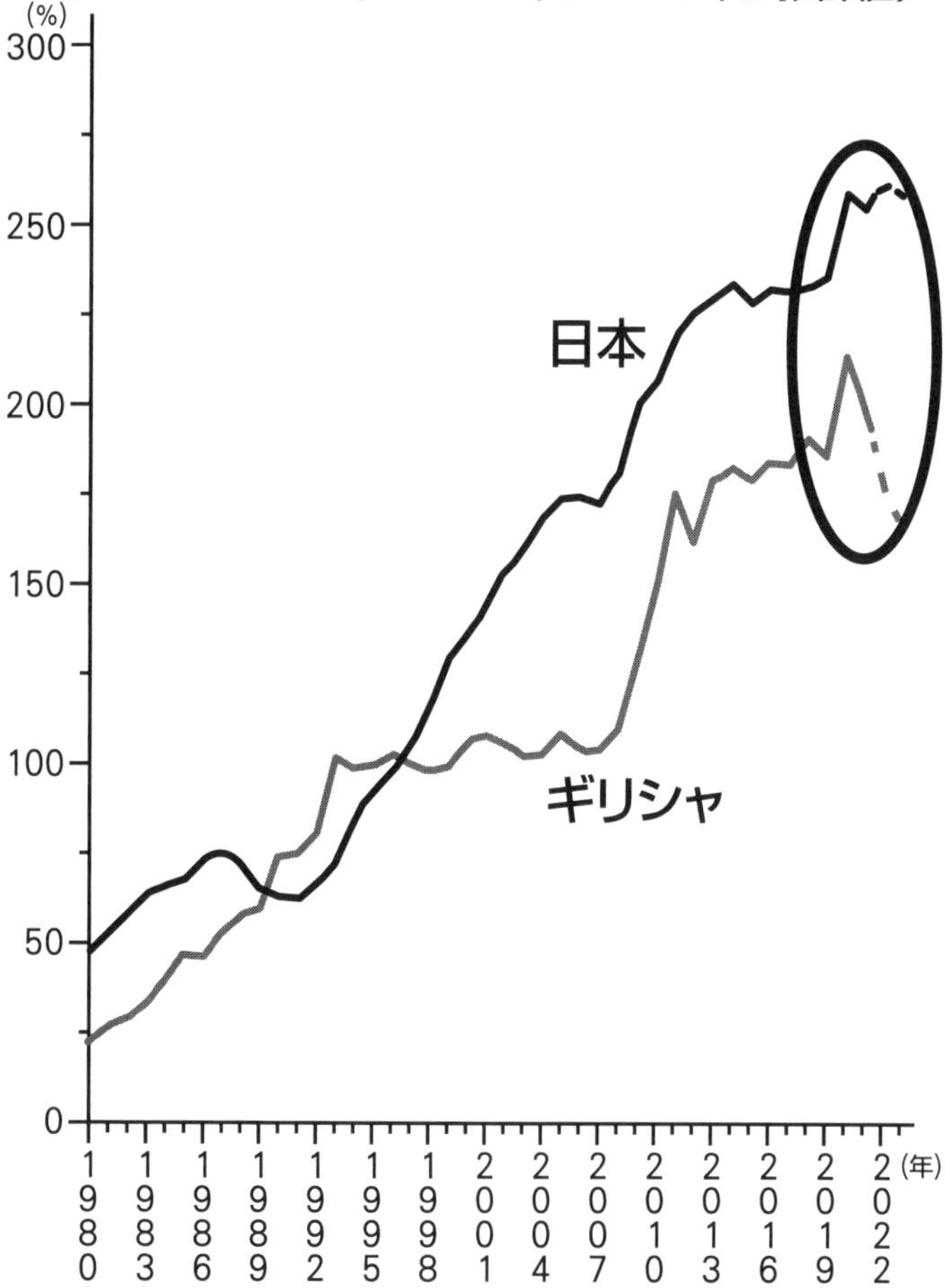

IMFのデータを基に作成

採用され世界から幅広く投資が期待できる。信用力の高まりにより、政府の借り入れコストは下がるから財政運営にはさらなる追い風となろう。

二〇一二年には四〇%を超えたギリシャの長期金利（一〇年物国債利回り）は、二〇二三年六月現在三・六%台という低水準を付けた。信用力の高いドイツ国債に対するスプレッド（上乗せ金利）は、一・三%程度に留まる。

このように、ギリシャの信用力は劇的に高まった。見事と言えるギリシャの復活劇だが、これには大きな代償が伴った。財政危機に陥ったギリシャは、IMF（国際通貨基金）、欧州委員会、ECB（欧州中央銀行）に金融支援を要請したが、IMFなどから支援の条件として厳しい緊縮財政を強いられた。当然、ギリシャ経済は著しく疲弊することになる。

GDP（国内総生産）は、二〇一六年には二〇〇九年に比べ約二六%も減少した。七年間で経済規模が四分の三に縮小したということだ。失業率は、二〇〇九年の九・六%から二〇一三年には二七・五%に跳ね上がった。二〇一二年には最低賃金が二割以上引き下げられ、それが二〇一九年まで据え置かれた。

この一〇年でギリシャの輸出は大幅に伸びたが、それを後押ししたのが「賃金カット」だという。雇用機会の減少と賃金の低下から多くの人材が海外に流出し、ギリシャの人口は減り続けている。その国の所得の中央値の半分（貧困線）に満たない人々の割合を示す「相対的貧困率」は、ＥＵ諸国の中でかなり高い部類に入る。

これらの統計データを見るだけでも、多くのギリシャ国民の苦難が想像できるのではないだろうか。構造改革の成果が表れ始め、ここ数年は失業率が低下し最低賃金も引き上げられるなど、ギリシャ経済は国民生活レベルでも改善が見られる。だが、国家破産から立ち直りつつあるギリシャを支えたのは、多くの〝国民の犠牲〟であったことは間違いない。

世界最悪レベルの財政状態にある日本に暮らす私たちにとっても、まったく他人事ではない。これから日本で何が起きるのか？　日本が破産した時、私たち国民の身に降りかかる出来事について解説して行こう。

国家破産に伴って起きること――八項目

①ハイパーインフレ

国家が破産すると、そこに住む国民には様々な苦難が、それこそ津波のように次から次へと押し寄せてくる。

ほぼ間違いなく起きるのが、「インフレ」だ。国家財政が破綻すると、その国の信用が失われるため、その信用を後ろ盾に価値を維持しているものはすべてその本来の価値を失う。当然、通貨価値も損なわれる。円が暴落するということで、為替市場では大幅な円安となる。

通貨価値の暴落は、輸入物価を極度に押し上げ、インフレとなって私たちを襲う。このインフレは、通常のインフレとはまったく違う「ハイパーインフレ」と呼ばれるような制御不能のすさまじいインフレだ。まるで猛獣のように牙《きば》を剥《む》き、私たちに襲いかかり、私たちの財産を食い荒らす。

たとえば、多少物価が上がったとは言え、今なら一万円札一枚出せばちょっとしたディナーを食べることができるが、インフレがひどくなると一万円ではファストフードのハンバーガーセットくらいしか食べられないといった感じだ。現在一万円のディナーは、一五万円くらい出さないと食べられなくなる。為替レートも、一ドル＝一〇〇〇円か二〇〇〇円くらいになっていても不思議ではない。「何を大げさなことを」と言う人は、歴史を知らない人だ。

上巻でも述べてきた通り、古今東西、国家破産した国では常識では考えられないようなすさまじいインフレが起きている。一つだけ例を示すと、ジンバブエでは二〇〇八年の年間インフレ率が二億三一〇〇万％に達した。わずか一年で、物価が二三一万倍に達するということだ。つまり、今一万円のディナーは一年後には二三一億円になるということだ。先に挙げたハイパーインフレなど、まだ「かわいいもの」と言わざるを得ない。

ここまで極端でないにしても、たとえば年率一〇〇％のハイパーインフレでもすさまじい破壊力だ。年率一〇〇％ということは、物価は一年で二倍になる。

一〇〇円の品物が一年後には二〇〇円、二年後には四〇〇円と、まさに倍々ゲームで高騰して行く。それが続くと、一〇年後には一〇〇〇倍を超える。一〇〇円の商品は、一〇年後にはなんと一〇万円超になってしまう計算だ。

こうなると、「一〇〇円ショップ」という商売は日本から消滅してしまうだろうし、もしかすると「一〇万円ショップ」などという〝激安店〟が繁盛しているかもしれない。

もちろん、そのような激しいインフレになれば、サラリーマンの給料も高齢者の年金も引き上げられるに違いない。たとえ物価が二倍になろうとも、給料や年金も二倍に増えれば生活水準は変わらない。しかし、残念ながら給料や年金は、インフレ率ほどには上がらないと考えておくべきだ。物価が一年間で二倍（つまりインフレ率一〇〇％）になったとすると、給料や年金は良くてもせいぜい八〇％か九〇％の上昇に留まると見ておいた方がよい。

給料や年金額の引き上げは、消費者物価指数などの統計データを元に決められる。ある月の統計データが発表されるのは、早くても翌月だ。それを元に給料や年金額が引き上げられても、インフレが続く限り給料や年金の上昇率がインフレ率に追い付くことはできない。その差の分だけ、生活水準は確実に下がって行くことになる。しかも生活水準の低下は、インフレが続く限り時間が経てば経つほどひどくなる。

一〇年間、年率一〇〇％のインフレが続く中で、仮に給料と年金額が年率八〇％で増え続けたとしよう。給料と年金額は一年で一・八倍、二年で三・二倍、三年後には五・八倍と増加し、一〇年後には三五七倍になる。これを年率一〇〇％のインフレ率と比べてみよう。一年後は物価が二倍になるのに対し、給料と年金額は一・八倍になるから、物価上昇に対して九割の収入が確保できる。家計は厳しくはなるが、何とかやりくりできるレベルだ。

ところが、時間の経過と共に両者のギャップはとてつもなく広がって行く。三年後には物価が八倍になるのに、給料と年金額は五・八倍にしかならない。物価上昇に対して、約七割の水準に留まるわけだ。こうなると、ほとんどの家庭で節約でやりくりできる限界を超えてしまうに違いない。さらに一〇年後には物価が一〇二四倍、給料と年金額は三五七倍となり、その差は約三倍に開く。これは、実質的な収入が約三分の一に激減することを意味する。

年金収入が月一五万円あるなら、その実質的な価値は五万円ということになる。給料が月三〇万円あるなら、その実質的な価値は一〇万円ということになる。つまり、リタイア世代で月五万円、現役世代で月一〇万円の収入で生活しなければならないということだ。

大幅な円安も予想されるが、どの程度まで円安が進むかはインフレの程度に大きく影響される。為替相場は、長期的には物価にある程度連動して動く。日本で言えば、インフレになれば円安が進み、デフレになれば円高が進む。年率一〇〇%のインフレが一〇年続けば、物価は約一〇〇〇倍になる。これは、通貨価値が一〇〇〇分の一に減価したことを意味するから、単純に為替レートに当てはめると一ドル＝一四七円が一ドル＝一四万七〇〇〇円になる。もちろん、為替相場は様々な要因で動くため物価に完全に連動するわけではないが、長期の大まかな目安にはなる。

インフレ率の上昇に家計収入は追い付かない

	収入　家計（給与と年金）	物価（インフレ）	家計収入の物価に対する割合
上昇率（年率）	80%	100%	
1年	1.8倍	2倍	90%
2年	3.2倍	4倍	80%
3年	5.8倍	8倍	約70%
4年	10.5倍	16倍	約66%
5年	18.9倍	32倍	約59%
6年	34倍	64倍	約53%
7年	61.2倍	128倍	約48%
8年	110.2倍	256倍	約43%
9年	198.4倍	512倍	約39%
10年	357倍	1024倍	約35%

②金利の上昇（国債価格暴落）

暴落するのは通貨だけではない。国債も暴落する。限度を超えた借金を重ね国債を乱発したのだから、国債価格が暴落するのは当然だ。国債が暴落すると金利が急騰する。

金利上昇は、借金を抱える人にとって強烈な逆風となる。個人レベルでは、住宅ローンの返済に行き詰まる人が急増する。ただでさえ、ここ数年の不動産価格の上昇は急激だ。物件価格が高いから、多くの人はどうしても多少なりとも無理をしてローンを組む。そのような〝背伸び〟をした人は、あっと言う間に破産に追い込まれる。

その結果、銀行の収益も圧迫される。しかも、多くの金融機関は大量の国債を保有しているため、国債価格の下落により金融機関の資産は傷み、経営を圧迫する。「国債という不良債権」を抱えた金融機関は、もはや資金を貸し出す余裕がなくなり、「貸し渋り」「貸し剥《は》がし」の嵐が吹き荒れることになる。

金利の上昇とそれがもたらす貸し渋り・貸し剥がしは、借り入れの多い企業の経営を苦しめ多くの企業が倒産に追い込まれる。倒産を免《まぬか》れたとしても業績が悪化し、会社員の賃金も減る。景気が悪化し、税収が大幅に減る。財政はますます悪化、国債発行が膨張し、金利がさらに上がるという悪循環に陥る。

債務が多い人ほど、金利上昇がもたらすダメージは大きくなる。この国で最も多くの債務を抱える主体と言えば、そう日本国政府だ。

「国債」「借入金」「政府短期証券」を合計した「国の借金」は、二〇二三年三月末時点で一二七〇兆円を超えている。金利が五、六％になれば、現在七〇兆円ほどの税収は利払い負担で吹き飛ぶ計算だ。ギリシャの例を見てもわかるが、国が破綻すれば金利が五、六％程度で収まることは考えにくい。その上、日本の場合借金額があまりにも巨額なので、五、六％どころかほんの一、二％上がっただけで一〇兆円単位の利払い負担が生じる。日本の国家予算（一般会計）は一〇〇兆円強だから、一〇兆円というのは非常に大きな金額だ。二〇二三年度予算で言えば、防衛関係費にほぼ匹敵する。

長年の放漫財政のツケで、日本の財政は金利上昇への耐性が極めて弱くなってしまった。金利が数％上がれば、もうまともな予算が組めない。つまり、金利を上げられない状態になっているのだ。

そのため、コロナ後のインフレ対応で各国が利上げに動く中、日本はまったく金利を上げていない。上げられないのだ。このような短期金利を反映する政策金利は、それぞれの国や地域の中央銀行が決めるがその一方、長期金利は債券市場での取引により決まるもので、本来、中央銀行が決めるものではない。

通常、国家財政が傾くと長期金利が敏感に反応する。金利上昇が財政運営に対する警告になるわけだ。警告を無視してそれまでの財政運営を続ければ、やがて国家破産の時を迎える。

ところが日本は、その警告を無視するどころか長期金利をゼロ％近辺に誘導する「イールドカーブ・コントロール」（ＹＣＣ）と呼ばれる金融政策により、警告自体を出ないようにしてしまった。日銀が日本国債を大量に買うことで国債価格を引き上げ、長期金利をゼロ％前後に抑え込む。その結果、政府の利払い負担も低く抑えられているのだ。

何も問題ないように思えるかもしれないが、これは極めて危険な政策だ。政府が国債を発行し、それを日銀が買い取るという方法は、やろうと思えば際限《さいげん》なく続けることができる。政府がどんなに大量の国債を発行しても、日銀は紙幣の発行を増やすことで、いくらでも国債を買い取ることができるからだ。

しかし、忘れてはいけないのは、紙幣というのは本質的には単なる紙キレだということだ。一万円札の製造原価は、約二〇円という。つまり、一万円札の物質的な価値は二〇円程度のものだ。それに誰もが一万円の価値を認め、広く使われているのは、発行元が信用されているからだ。単なる紙キレである紙幣を乱発すれば、貨幣価値は確実に低下する。それは円安・インフレという形で表面化する。二〇二二年に急激に進み、あっと言う間に一ドル＝一五〇円を突破した円安と、それに伴う国内インフレがまさにそうだ。

同年、世界的なインフレを受け各国の長期金利が上昇する中、長期金利を強引に抑え込む日銀の金融政策を限界と見た投機筋が、猛烈な国債売りを浴びせた。それに対抗し、日銀は巨額の国債買いを行なった。理屈上、紙幣をいくらでも発行できる日銀が投機筋に敗北することはなく、長期金利を抑え込むことはできた。

しかし、その副作用として円安が急激に進行した。「国債を売り崩せないなら、円を売り崩そう」ということで、投機筋のターゲットが日本国債から円に変わったのだ。円安は、輸入物価の上昇をもたらす。長年強いデフレ圧力にさらされた日本でも、いよいよ物価上昇が目立ち始め、危機感を覚えた政府・日銀は円買い介入に踏み切り、とりあえず市場は落ち着きを取り戻した。

しかし、これでコトが収まることはまずあり得ない。市場原理というのは、ある意味で〝自然の摂理〟のようなものだ。自然の摂理に逆らって行き過ぎた開発を行なえば、災害の多発、強大化という形で自然からのしっぺ返しを受けるのと同様、市場の動きに抗《あらが》って市場で決まるべき価格を力ずくで変えようとすれば、いずれ市場からの強烈な制裁を受けることになる。ほとぼりが冷めた頃、円は再び投機筋の標的になるに違いない。そうなれば、さらなる円安が進み、日本のインフレ率も欧米諸国並みになるだろう。

物価の高騰は家計を圧迫し、政府や日銀に対する国民の不満を高める。インフレを抑えるため、まずはＹＣＣの修正・撤廃が行なわれ、長期金利は市場原理に基づいて上昇して行く。やがて、政策金利の引き上げに追い込まれるはずだ。皮肉なことに「金利を上げられない日本」が、「金利を上げざるを得ない日本」へと追い詰められることになるのだ。

③大不況

賃金や年金額の伸びがインフレに追い付かず、大部分の国民の購買力が低下する。金利の上昇は巨額の債務を抱えた政府に留まらず、民間の債務者にも重くのしかかる。超低金利のお陰で何とか延命できていたゾンビ企業も、金利の上昇で借り換えが叶わず、事業の継続が困難になる。変動金利で住宅ローンを借りている人たちも返済負担の増加で厳しくなる。超低金利が長く続く中、「金利は当分上がらない」と信じ込み、身の丈を超えた「夢のマイホーム」を手にした人たちは返済に行き詰まる。こうして企業倒産、失業者、住宅ローン破産が増える。金利が極端に上がることで、個人も企業も借り入れを控える。民間の経済活動は停滞し、景気は一気に冷え込む。

このように、国家が破産すると深刻な不況がもたらされる。一般的に、不況時はモノやサービスが売れないから物価が下がる。しかし国家破産の場合は、物価が下がることはまず考えられない。通貨の信用が失われ、貨幣価値が大幅に低下するため、インフレが起きる。それも、ハイパーインフレと呼ばれるような悪性インフレだ。このように、不況とインフレが併存《へいぞん》する状態を「スタグフレーション」と呼ぶが、国家破産の際にはかなり極端な形でスタグフレーションが発生する可能性が高い。

町の風景も大きく変わるだろう。物価があまりにも高くなり過ぎて、ほとんどの人が自由にモノを買うことができなくなる。人々はモノを大事に使うようになり、ゴミも減る。食べ物のゴミも減る。これらモノのゴミが減る一方、「お金というゴミ」が町にあふれるかもしれない。あなたは想像できるだろうか？クシャクシャになった一万円札や一〇万円札、一〇〇万円札という〝紙キレ〟

が、道端の至るところに捨てられている光景を。〝お金の価値が暴落する〟ということは、そういうことなのだ。

食べ物のゴミが減ることで、ホームレスにとってはさらに過酷な環境になる。町の野良猫もどんどんやせ細って行くに違いない。下手をすると、町から野良猫やカラスがいなくなるかもしれない。えさを求めて町から野山に移動する猫やカラスもいるだろうし、最終的には食うに困った人間に食べられてしまうかもしれないからだ。笑い話にしか聞こえないかもしれない。しかし、国家破産したアルゼンチンの国民の中には、ネズミやカエルを食べて飢えをしのいだ人たちが実際にいた。敗戦後の日本でも、町のラーメン屋の裏に猫の首がごろごろ落ちていたという。

何しろ、敗戦後の日本といえば悪性インフレで経済はボロボロ、まさに国家破産状態であった。あの松下電器（現パナソニック）でさえ潰れかけている。以前、私は松下幸之助の側近であった人から次のような話を聞いた。昭和二五年の正月、その側近に「うちの会社も、年末までもたへんかもしれんなぁ」と漏らしたというのだ。

だが、そこに吹き付けたのが朝鮮戦争という〝神風〟であった。この軍事特需で、日本経済は一気に息を吹き返した。朝鮮戦争がなければ、日本の復興は大きく遅れ、トヨタ、松下のような日本を代表する国際企業も生まれていなかったかもしれない。

④ 金融不安

悪性インフレ、金利の上昇、大不況は金融システムも揺るがす。企業倒産、失業者、住宅ローン破産の増加により銀行などの金融機関では貸し倒れ、不良債権が増加する。金融機関の財務が悪化するため、融資姿勢が厳しくなり、貸し渋りや貸し剥がしが横行する。一方で優良顧客には融資したいところだが、何しろ金利が高過ぎて多くの顧客が借り入れに慎重になる。こうして、〝預貸《よたい》利ザヤで稼ぐ〟という銀行の基本的な収益基盤が崩れる。

金融機関が保有する有価証券などの資産も、財務悪化に拍車をかける。そして最大の足かせになるのが「日本国債」だ。国債が暴落すれば、金融機関の含み損は一気に膨らむ。特に地銀の中には、事業規模に比べ大量の国債を保有する金融機関が少なくない。金融不安が高まり、金融機関の選別が進む。財務の脆弱な金融機関からは預金が流出し、取り付け騒ぎも相次ぐだろう。一方、海外事業を積極的に拡大し、国債を保有しつつも大量の株式も保有するメガバンクなどには、相対的な安心感から預金や投資などの資金が集中するだろう。

では、メガバンクなど規模の大きい金融機関に預金していれば安心かというと、残念ながらコトはそう単純ではない。

⑤預金封鎖（引き出し制限）・財産税

銀行というのは、国家の出先機関も同然だ。私たちは、銀行が政府の管理監督下にあることを忘れてはならない。いざという時には極めて理不尽な命令が下され、その命令に従うのが銀行なのだ。国家破産時に下される「理不尽な命令」の代表的なものが、「預金封鎖」だ。預金の引き出しや海外送金に制限がかけられ、その間に過酷な財産税をかけられたりインフレによって通貨価値が紙キレ同然になってしまうという恐ろしいものだ。

実例を挙げよう。日本で一九四六年（昭和二一年）に実施された「預金封鎖」だ。昭和二一年二月一六日、政府は「総合インフレ対策」を発表した。対策の柱となったのが「金融緊急措置令」と「日本銀行券預入令」であるが、その内容は衝撃的なものであった。同年二月一七日以降、全金融機関の預貯金を封鎖することが発表されたのだ。預金封鎖の解除は、財産税の徴収後に行なわれることが明示された。

預金流出を防ぐため、極秘裏に準備が進められ、二月一六日の発表後わずか一日で預金は封鎖された。預金封鎖の表向きの理由はインフレ抑制とされたが、実際のところは財産税の徴収が目的であった。政府は財産税を課すために、国民の財産を正確に把握する必要があったのだ。

「預金封鎖」と同時に、「新円切換」も行なわれた。旧円が無効となり、新円に切り換えられた。旧円は一定期間後に無効とされ使用できなくなるため、人々は銀行で新円に交換しなければならなかった。この措置により、国民の預金だけでなくタンス預金までもがあぶり出され、封鎖の対象となった。

一定範囲内の預金引き出しは認められたものの、引き出しが許された金額は月額で世帯主が三〇〇円、世帯員一人に付き一〇〇円に過ぎなかった。一世帯に認められる引き出し額は五〇〇円程度のもので、「五〇〇円生活」という流行語が生まれた。当時の公務員の初任給が五〇〇円程度だったというから、五〇〇円は現在の二〇万円くらいのものだろう。最低限の生活費を除き、すべての預金が凍結されたのだ。

封鎖・凍結の対象になったのは、預金だけではなかった。「臨時財産調査令」が公布され、国民が保有する株式や公社債などの有価証券、生命保険、無尽、年金などの財産も申告が義務付けられた。調査対象となった財産は、換金処分ができないよう臨時財産申告時に封鎖され、臨時財産調査に応じなかった金融資産については、その効力を失うという措置がとられた。

預金封鎖、新円切換、そして臨時財産調査令により、国民のほとんどの財産は政府に把握・凍結されることとなった。

臨時財産調査令の結果に基づき、財産税額が決定された。一〇万円（現在の価値で四〇〇〇万円程度）超の資産を保有している人が課税の対象となった。税率は一〇万円を超える金額に対して二五％、一一万円を超える金額に対して三〇％というように、資産の額が多くなるに従い税率が上がる超過累進課税がとられた。税率は最低の二五％から一四段階で設定され、一五〇〇万円（現在の価値で六〇億円程度）を超える金額に対しては、なんと九〇％の税率が課せられた。九〇％という税率は、もはや財産の没収に等しい。極端な累進課税は富裕層に大打撃を与え、多くの富裕層が没落して行った。

⑥ 年金・社会保障の大幅カット、大増税

国家が破産すれば、税金をはじめとする国民負担も増大する。本来なら、国家が破産する前に増税を行ない財政を建て直すのが筋だが、言うまでもなく増税というのは不人気であり、国民になかなか受け入れられない。誰だって増税

は嫌だし、今の日本のように財政が破綻していない状況で大幅な増税に理解を示す人は決して多くない。そして政治家は国民の顔色を窺《うかが》い、必要だとはわかっていても増税に二の足を踏む。そのため、増税を含め財政改革の類はどうしても後手に回り、気付いたら「すでに手遅れ」ということになりがちだ。

それを象徴するのが、日本の「消費税」だ。一九七〇年代から大平政権、中曽根政権が導入をもくろむものの国民の反発を受けて断念、ようやく導入されたのが竹下政権時代の一九八九年。税率は三％だった。

その後バブルが崩壊し、日本経済は長期低迷に陥る。大規模な景気対策がたびたび行なわれ、財政をますます悪化させた。消費税率引き上げが検討されたが景気が一向に上向かない中、国民の反発も強く、税率引き上げは遅れた。

導入から三〇年が経った二〇一九年、消費税率は一〇％まで引き上げられたが、今後の税率はこんなものではすまない。三七ページの図は主要国の消費税（付加価値税）の税率を示したものだが、これを見れば日本の消費税率が国際的に見て決して高くないことがわかる。北欧など、二〇％を超える国も多く、日本の消費税率はまだまだ引き上げ余地があると言える。

一般庶民の税負担が比較的抑制されている一方、「社会保険料」の負担はすでにかなり増加している。この三〇年間を振り返ると、国民所得に占める租税負担率は一九九三年度が二四・八％であったが、二〇二三年度（見通し）は二八・一％と上昇はわずかだ。それに対し社会保障負担率は、一九九三年度の一一・五％から二〇二三年度（見通し）には一八・七％と大幅に上昇している。消費税をはじめ増税に対する抵抗感が強い中、このような言わば「見えざる増税」がすでに始まっているのだ。

年金などの社会保障給付も、確実に下がる。少子高齢化の進展を受け、給付の抑制はすでに始まっている。二〇二三年四月以降の年金支給額は、三年ぶりに引き上げられた。しかし、「マクロ経済スライド」という仕組みにより、支給額の伸び率は物価や賃金の上昇率を下回り実質的には目減りしている。マクロ経済スライドでは、労働力人口の減少や平均余命の伸びが年金給付の減額要因になる。物価や平均賃金が上昇しても、年金の支え手である労働者が減少すれ

世界各国の消費税（付加価値税）の税率

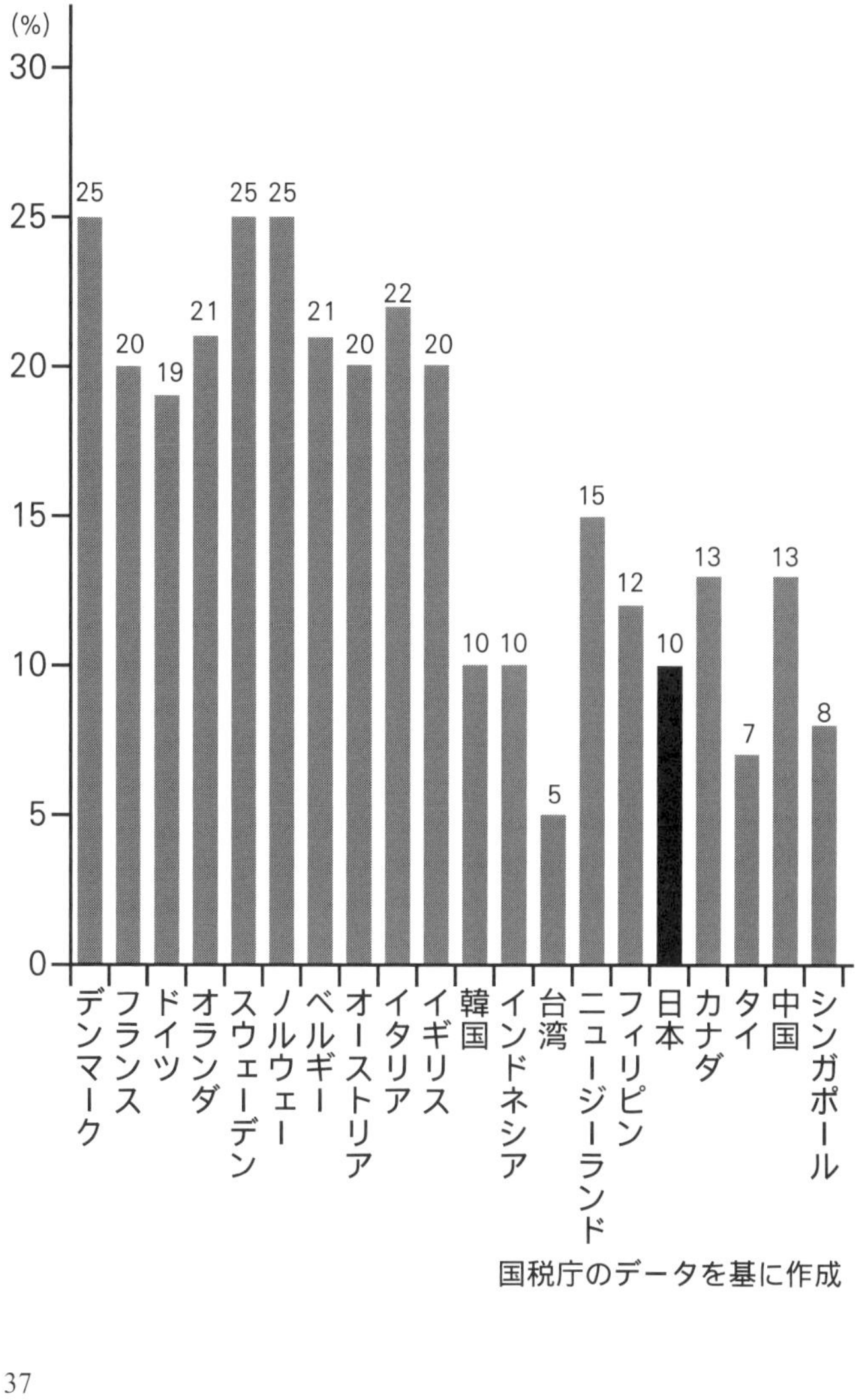

国税庁のデータを基に作成

ば、その分給付額は引き下げられることになるのだ。

少子高齢化が加速する日本では、労働力人口の減少はほぼ確実で年金給付の減額はまず避けられない。国家破産によりハイパーインフレともなれば、年金受給者への打撃は計り知れない。

年金保険料は、二〇〇四年の年金制度改正に基づき段階的に引き上げられてきたが、二〇一七年に引き上げを終了した。しかし保険料を引き上げないのなら、給付をさらに抑えなければ年金制度は維持できない。いずれ、保険料の引き上げを迫られるだろう。

少子高齢化により、「税金」「社会保険料」といった国民負担がますます重くなることは避けられず、国家破産に至った場合は年金をはじめ社会保障の給付額は、実質的に現在の半分程度になったとしても何ら不思議はない。

⑦ 治安の悪化

国家が破産すると、ハイパーインフレや高騰する金利、増税などによって民間経済も大きな打撃を受け、国民の多くは生活が苦しくなり、貧困者数も増える。その結果、治安も著しく悪化する。倫理やモラルは崩壊し、窃盗や詐欺などは日常茶飯事という状況になる。強盗や誘拐、殺人などの重大犯罪が増加し人心は荒廃し、日常生活を安心して送ることは、もはや困難になるだろう。

特に、資産家は強盗や誘拐のターゲットになりやすくなる。国家破産で大混乱に陥ったアルゼンチンでは、資産家の家族は護衛を付けて行動したという。

またロシアでは、郊外の一戸建て住宅は強盗などに狙われるため住める状況ではなく、アパート形式の住居に住む人が増えたという。タクシー車内での強盗事件も頻発した。乗客が運転手をナイフで脅し、現金を奪うのだ。ただし、乗客側が強盗になるとは限らない。逆に、運転手がナイフを出して乗客にカネを要求することもあったという。乗客と運転手のどちらが先に強盗になるか？という信じがたい状況だ。

政治の安定も揺らぐ。極右や極左、ポピュリスト政党など、様々な政党が乱立し政局はなかなか安定しない。政党間の激しい対立は国民の間の対立や分断を引き起こし、社会は不安、不満、憎悪の感情に支配され、それが治安の悪化を一層助長する。

日本が破産した場合、現在の日本からは想像できないほどに治安が悪化し、しかもその状況が長期化することは避けられないだろう。

⑧ 精神的被害の増加

国家破産下の過酷な環境は、人々のメンタルに深刻な影響をおよぼし、精神的に病む人が続出する。以前、国家破産の取材でロシアを訪れた時、現地の中年女性から聞いた話は今も忘れられない。彼女は、最後には泣きじゃくりながら私にこう話してくれた。

「国が破産したのだから、私たちの財産がなくなったのは仕方がない。でも、あまりにもとんでもないコトが起きたために、皆の頭がおかしくなってしまった。何よりも、それが一番、怖いことだった」

自殺者も急増し、一九九〇年代なかばには人口一〇〇万人あたりの自殺者数が世界で最も多くなった。急激な社会の変動に付いて行けず、将来を悲観して自殺する人やウォッカなどの飲酒に逃げる人が増え死亡率が上昇し、平均寿命は短くなった。

ギリシャでも、国家破産直後自殺者が急増した。二〇一三年には、自殺件数が二〇一〇年に比べ四〇％も増加している。当時は、自殺者が一人いればその二〇倍の自殺未遂者がいるとされた。若年失業率が五〇％を超え、仕事を持つ者も失業の恐怖に怯えた。そのような苦境は彼らの精神を蝕《むしば》み、うつ病やアルコール依存症、不安障害などの精神疾患を誘発する。厳しい現実から逃避するため、不法薬物に手を出す若者も少なくなかった。自殺を図る人が増えるのも当然と言える、過酷な状況だ。

また、アルゼンチンでも二〇〇二年に精神医療施設での診察件数が四割増え、抗うつ剤の処方も急増したという。

日本の国家破産までのタイムスケジュール

本章の最後に、日本の国家破産に関する今後の私の予測をまとめておこう。

本書を執筆している二〇二三年八月時点で、為替レートは一ドル＝一四七円前後、消費者物価指数（生鮮食品を除く総合）が三・一％上昇となっている。すでに円安、インフレが進み始めているが、向こう一、二年（二〇二三〜二四年）は円安・インフレ傾向が徐々に強まって行くだろう。

利上げが必要になる場面だが、すでに述べたように日本は金利を上げられない。一年以内のＹＣＣ撤廃を予測する専門家も少なくないが、ＹＣＣ継続も十分あり得るだろう。

しかし、本来なら上がるべき金利を上げずに放置すれば、円安、インフレに歯止めがかからなくなる。そこで政府・日銀は円安にブレーキをかけようと、為替介入を何度も行なうだろう。また、二〇二二年に行なわれた電気料金やガス料金、ガソリン価格への補助金投入もさらに強化され、なりふり構わぬインフレ抑制に動くだろう。

これは言わば、「金利を上げられない日本の最後の悪あがき」だ。本来やるべき構造改革を棚上げし、異次元緩和という名の日銀による国債の爆買い、補助金による価格統制、度重なる為替介入などの弥縫《びほう》策により、日本はすっかり〝ゆでガエル〟状態になる。

だが、この政府や日銀による悪あがきも二〇二五〜二六年頃には限界を迎え、この頃には国家破産がいよいよ本格化、表面化するだろう。政府・日銀による度重なる為替介入によりその効果は低下し、一時的な円高がかえって投機筋にドルの買い場を与える結果になる。遅くとも二〇二五年末には、一ドル＝一六〇円を突破するだろう。数年後にはインフレ率も五〜六％前後まで上昇し、さすがにＹＣＣも撤廃に追い込まれる。ストッパーが外れた「長期金利」は高騰、「日本国債」の暴落がいよいよ始まる。かつて低金利でリスクの低い安全通貨とされた「日本円」は、この頃には（現在のトルコリラなどのように）リスクの高い高金利通貨へと変貌していることだろう。

二〇三〇年頃になると、経済の混乱にさらなる拍車がかかる。長期金利は一〇%を超え、為替レートは一ドル＝四〇〇円くらいまで暴落していても不思議ではない。年率二桁の高インフレが常態化、最悪はハイパーインフレもあり得る。インフレが進行する中での大不況という、極めて過酷な経済状況が日本全土を覆う。

二〇三三年頃には、食料品を手に入れるのも困難という状況になるだろう。多くの食料を輸入に頼る日本で大幅な円安が進めば、食料品の価格は高騰する。それに加え、世界が食糧危機にでもなれば、国内の食料品価格は信じられないほどに高騰する可能性がある。そうなれば、この頃には多くの食料品価格が現在の価格から見て、五倍から一〇倍になっていても不思議はない。

最近までの日本のようにデフレ下であれば、なかなかモノが売れずモノの値段は時間を追うごとに安くなる。そのため、人々はますますモノを買おうとしなくなる。しかしインフレになるとまったく逆で、モノの値段は時間を追うご

2040年までの日本のタイムスケジュール

2023～24年	**金利を上げられない日本の最後の悪あがき** 日銀による国債の爆買い、補助金による価格統制、度重なる為替介入などの弥縫策により、日本はすっかり「ゆでガエル」状態になる。
2025～26年	**国家破産がいよいよ本格化・表面化** 為替は1ドル＝160円を突破、インフレ率は5~6%まで上昇。長期金利も高騰し、日本国債の暴落がいよいよ始まる。
2030年	**インフレと経済の混乱に拍車** 年率2桁の高インフレが常態化し、為替レートは1ドル＝400円くらいまで暴落、長期金利は10%を超える。インフレが進行する中での大不況という極めて過酷な経済状況となる。
2035～40年	**国内経済はいよいよ末期症状に** 円と国債の暴落、インフレはもはや制御不能という状況になる。為替レートは1ドル＝1000円、あるいはそれ以上の円安に。 預金封鎖などの徳政令が実施され、ハイパーインフレにより年金はほどんと無価値に。

とに高くなる。値段が上がらないうちにと、多くの人は必要なモノを早め早めに買おうとするだろう。買い占め、売り惜しみが横行し、それがインフレにますます拍車をかける。

二〇三五～四〇年頃には、日本国の経済はいよいよ末期症状に陥るだろう。円と国債の暴落、インフレといった国家破産現象は、もはや制御不能という状況になる。為替レートは一ドル＝一〇〇〇円、あるいはそれ以上の円安になっている可能性が高い。預金封鎖などの徳政令が実施され、預金の国債への転換すら行なわれるようになる。銀行は預金を集めようと超高金利のキャンペーンを展開するが、ほとんどの人が銀行にお金を預けようとしなくなる。

ＩＭＦの介入もあり得る。支援と引き換えに過酷な緊縮財政を強いられるだろう。年金は、すでにあってなきがごとし。ほとんどもらえないか、もらえたとしてもハイパーインフレのためほとんど価値がなくなる。公務員の給料も大幅にカットされ、ボーナスや退職金は国債で支払われる可能性さえある。政府は壊滅的な状態となり、誰も国家を信用しなくなる。

国民の二極分化も進む。大部分の国民の生活は困窮し、中には乞食同然という厳しい状況に置かれる人も増える。資産の大部分が預貯金や不動産などの円建てという資産家はことごとく没落して行く一方、あらかじめ海外に外貨建ての資産を保有する一部の人々の購買力は飛躍的に高まる。相対的に価値の上がった外貨を使い、信じられないほどの安値で不動産などの資産を買うことができる。それらの資産を元値の何倍もの価格で転売し、ますます富を膨らませる。こうして、〝富の極端な二極分化〟が進む。

一瞬にして国家破産の可能性も

ただし、状況によってはこのタイムスケジュールよりも早く日本が国家破産状態に陥る可能性もある。そのきっかけとなるのが、東南海地震や富士山噴火などの〝巨大災害〟や台湾有事のような〝地政学リスクの台頭〟だ。これらのリスクは、いつ起きても不思議ではない。

日本列島の南側の海底には、「南海トラフ」と呼ばれる大規模な活断層がある。この近辺では東海地震、東南海地震、南海地震などの大地震発生が懸念されており、東南海地震が発生すれば、西日本を中心に太平洋沿岸一帯に押し寄せる巨大津波が大阪や名古屋などの都市部にも流入し、深刻な被害をもたらす。

南海トラフを震源域とするマグニチュード九・一の巨大地震が起きた場合、被害額は最大で二二〇兆円にのぼると政府は試算する。東日本大震災の一〇倍超の規模で驚くべき額だが、この試算で計算されているのは、主に建物や道路が壊れたといった直接的被害であり、それに伴い企業の生産や個人の消費が長期間制約を受けるといった間接的被害は考慮されていない。

二〇一八年には公益社団法人「土木学会」が、阪神淡路大震災の経済被害を参考に、直接的被害だけでなく間接的被害を含めた長期の被害額を算出している。その額には、絶句するほかない。なんと、南海トラフ巨大地震で一四一〇兆円、首都直下型地震で七七八兆円だ。日本のＧＤＰが約五五〇兆円、国家予算（一般会計予算）が約一一〇兆円、税収が約七〇兆円……これらの数字と比べても、あまりに巨額の被害額だ。

最悪の場合、これら三つの大地震が連続して、あるいはほぼ同時に起きる可能性もある。そうなれば、九州から関東に至る太平洋岸一帯を巨大津波が襲い、沿岸部を中心に深刻な打撃を与える可能性が高い。また、長周期の振動が発生した場合、都心の超高層ビルにも甚大な損壊が生じる恐れもある。当然、被害額はさらに膨らむ。「想像を絶する」とは、まさにこのことだ。そうなれば、財政は一瞬にして破綻し、一週間以内に預金封鎖が実施されるという事態もあり得るだろう。

規模によってはより深刻な脅威となるのが〝富士山の噴火〟だ。南海トラフにおける日本最大級の地震とされる宝永地震（一七〇七年）発生の四九日後、富士山が大噴火を起こしている。富士山はこれまで何度も噴火を繰り返しているが、この宝永大噴火は富士山の三大噴火の一つに数えられる大規模なものだ。噴煙の高さは上空二〇キロメートルに達し、大量の火山灰を噴出し、農業などに甚大な被害をもたらした。偏西風に運ばれた火山灰は、一〇〇キロメートル離れた江戸にも大量に降り積もった。大量の降灰により、江戸の町は昼間でも暗く燭台《しょくだい》の明かりが必要だったという。降り積もった灰は、強風が吹くたびに舞い上がり、長い間、多くの江戸市民が呼吸器疾患《しっかん》に苦しんだ。

とんでもない被害だが、現在の日本で宝永噴火並みの富士山噴火が起きたら、当時とは比較にならないほどの被害がもたらされるのは間違いない。

国の富士山ハザードマップ検討委員会は、二〇〇四年に富士山噴火による経済被害について、宝永噴火と同規模の噴火が起きた場合、被害額は最大で約二兆五〇〇〇億円にのぼると想定している。富士山に近い地域では、噴石の直撃、土石流、洪水などにより多数の死傷者が出て、建物の損壊や焼失などの被害が生じる。降灰は土壌に悪影響をおよぼし、作物が枯死《こし》するなど農業も壊滅的な被害を受ける。

被害は首都圏にもおよぶ。噴煙は偏西風に乗り、噴火から数時間後には東京に到達し、都市機能を容赦なく破壊する。宝永噴火では、江戸でも数センチメートルの降灰が観測された。わずか数センチメートルと思うかもしれないが、火山灰は現代の発達した都市にとって実に厄介なものなのだ。

「灰」という名称から燃えカスのようなものを想像しがちだが、実際には溶岩や鉱物のかけらだ。火山灰は軽く、風によって舞い上がり、遠くまで飛散して建物や地面に降り積もる。しかし雨が降ると重くなり、屋根に積もった火山灰が建物を押し潰すことさえある。火山灰は水に溶けないため、放置すれば排水溝も詰まってしまう。

溶岩や鉱物のかけらである火山灰は、ガラスの破片のように鋭利なため、人体にも非常に有害だ。目に入れば結膜炎などを引き起こすし、吸い込めば気管や肺にダメージを与え、喘息など呼吸器系の病気も増える。

道路は滑りやすくなり、車の運転も困難になる。各地で多くの道路が通行止めになり、通行止めを免れた道路でもスピードを抑えた運転が求められ、渋滞やスリップ事故が多発する。火山灰がエンジンに混入するため、車の故障も増える。鉄道も車輪やレールの導電不良などにより遅延や運休の頻発が予想される。降灰の多いエリアでは航空機の運航が停止される。航空機のエンジンに火山灰が吸い込まれると、エンジンが停止し墜落する危険があるためだ。交通が麻痺することで、物流も停滞する。生活必需品を含むあらゆる商品が不足し、物価が高騰する。休業や廃業に追い込まれる小売店も出てくるだろう。

都市部において特に深刻な問題は、電子機器への影響だ。火山灰が電子機器の内部に侵入することで、故障や誤作動を起こす危険がある。パソコン、スマホ、テレビなど多くの電子機器が使用不能になるだろう。東京には官公庁や大企業が集中しているため、コンピュータシステムのダウンが経済に与える影響は計り知れない。状況によっては首都機能の維持が困難になり、首都の移転を余儀なくされる可能性もある。そうなれば、世界都市としての東京の地位は一気に凋落《ちょうらく》することになる。

被害がこれほど広範かつ深刻におよぶことを考えると、最大の被害額が二兆五〇〇〇億円で収まることはまずないだろう。実は、富士山ハザードマップ検討委員会によるこの試算には、成田空港や羽田空港、新幹線や東名高速道路が長期間使用不能になるような被害は含まれていないという。噴火がいつまで続くかはわからず、被害額の算出が難しいという理由からだそうだ。しかし、日本経済を支えるこれらの主要な交通インフラが長期間使用不能になった場合、その被害額が桁違いのものになることは避けられまい。実際、富士山の大規模噴火がもたらす経済被害について一〇〇兆～二〇〇兆円とはじく専門家もいる。

歴史を振り返ると、富士山はこれまで何度も噴火を繰り返してきた。長らく気象庁の火山噴火予知連絡会会長を務めた藤井敏嗣氏によると、富士山は過去三二〇〇年間に一〇〇回噴火したという。つまり、平均すると富士山は三〇年に一回噴火してきた非常に活発な火山なのだ。記録が残る歴史時代に、確実なもので一〇回の噴火があったという。これらのうち、最大規模の噴火が八六四年に発生した「貞観噴火」である。

実は、「現在の日本は九世紀の状況に似ている」と指摘する専門家が少なくない。貞観噴火の五年後、八六九年には「貞観地震」が起きている。貞観地震は日本海溝付近を震源域と推定されるマグニチュード八・三以上の巨大地震で、三陸を大津波が襲い、甚大な被害をもたらした。二〇一一年の東北地方太平洋沖地震は、この地震の再来と考えられている。八八七年には、「仁和地震」と呼ばれる南海トラフ巨大地震が起きている。国外では、九〇一年にスマトラ島沖で地震が発生している。スマトラ島沖地震は二〇〇四年にも起きている。つまり当時、三十数年という短い間に「貞観噴火」「貞観地震」「仁和地震」「スマトラ地震」という四つの大災害が集中しているのである。

今世紀に入り、まだ発生していないのが「南海トラフ巨大地震」と「富士山噴火」である。この二つはいつ発生しても不思議はなく、宝永地震と宝永噴火のように南海トラフ巨大地震と富士山噴火がほぼ同時期に連動して起きることも十分考えられる。一七〇七年の宝永噴火を最後に、富士山は現在まで三〇〇年以上もの間、沈黙を続けている。つまり三〇〇年間、マグマがたまり続けているわけで、いつ噴火しても不思議ではないと指摘する専門家は少なくない。産業技術総合研究所などのチームも富士山について、「現在の富士山は一七〇七年の宝永噴火と似た状況。約三〇〇年間マグマがたまり続けており、巨大地震の強い力で内部にひびが入ると、そこから爆発的な噴火を起こしかねない状態

現在の日本は9世紀に似ている

864年 貞観噴火	→	？　年 富士山噴火
869年 貞観地震	→	2011年 東北地方太平洋沖地震
887年 仁和地震	→	？　年 南海トラフ巨大地震
901年 スマトラ島沖地震	→	2004年 スマトラ島沖地震

だ」と分析している。

緊迫する「台湾情勢」も時限爆弾になり得る。台湾海峡での軍事衝突や緊張が高まると、日本にとっても安全保障上の脅威が増すことは避けられない。二〇二二年八月にはアメリカのペロシ下院議長が台湾を訪問し、中国を大いに刺激した。中国は台湾周辺で大規模な実弾演習を行ない、米軍も空母を派遣するなど、一触即発の状態になった。

台湾有事が現実のものとなった場合、日本にはどのような影響がおよぶのか？　アメリカのシンクタンク「戦略国際問題研究所」（ＣＳＩＳ）は、二〇二六年に中国が台湾に侵攻するという設定で二四のシナリオを作り、軍事シミュレーションを行なった。その結果、ほとんどのシナリオで侵攻は失敗するものの、アメリカと日本は艦船、航空機、要員に甚大な被害が生じるという。

中国軍の侵攻開始から数時間で台湾海軍・空軍の大部分が壊滅。中国海軍が台湾を包囲し、数万の兵士が軍用揚陸艇や民間船舶で海峡を渡り、空挺《くうてい》部隊が上陸拠点の後方に降下すると予測した。

しかし、開戦と同時に米軍が介入し、アメリカの潜水艦・爆撃機・戦闘機などが上陸船団を無力化する。台湾の地上軍は、上陸拠点の中国軍を急襲する。中国軍も日本の基地や米軍の水上艦を攻撃するが劣勢を覆《くつがえ》すことはできず、二四例のうち二二のシナリオで侵攻は失敗すると予測している。

中国側はもちろん、アメリカ、台湾、そして日本についても多くの艦艇、航空機、人命が失われる。アメリカの損害は空母二隻、水上艦七～二〇隻、航空機二七〇機、死傷者約六九〇〇人と予測され、世界におけるアメリカの地位を弱めると指摘している。

一方、侵攻の成功、つまり中国の勝利は二例となっているが、その前提は「アメリカが参戦しないこと」と「日本が完全中立を守り、在日米軍基地でのアメリカの作戦行動を許可しないこと」とされる。

このことからＣＳＩＳの報告書は、日本が台湾防衛の要《かなめ》になると指摘し、在日米軍基地からの米軍の軍事展開を前提とする。日本政府が基地の使用を許可すれば、国内の各基地で米軍の作戦準備が行なわれる。作戦を阻止するために中国軍が各基地、つまり日本国内にミサイル攻撃してくることが想定される。日本も参戦を余儀なくされ、完全に戦闘に巻き込まれることになる。

その結果、日本についても艦艇二六隻、航空機一一二機の損失が予測されている。報告書では、日本政府がアメリカの基地使用を許可しなかった場合は、日米同盟を崩壊させる危険性があると指摘しており、「台湾有事は日本の有事」とも言われるように日本は難しい立場に立たされることになる。「いざという時には米軍が守ってくれる。日本はせいぜい米軍の後方支援」などと高《たか》をくっていると、大損害を被る可能性があるのだ。

台湾有事の影響は安全保障の面に留まらず、経済面にも深刻な打撃をもたらす。特に台湾は、世界的な半導体産業の中心地だ。台湾の先端半導体は世界中の電子機器に組み込まれている。アメリカの情報機関を統括するヘインズ国家情報長官は、「台湾侵攻により台湾の半導体生産が停止した場合、世界経済は侵攻後の数年間、年間六〇〇〇億ドルから一兆ドル以上の打撃を受ける可能性がある」と指摘している。当然、日本への影響も甚大なものになるはずだ。台湾を主要な取引先とする日本企業も少なくない。台湾海峡が封鎖され、サプライチェーン（供給網）が寸断されれば、製造業やエレクトロニクス産業を中心に深刻な打撃が予想される。

また、台湾有事が起きた場合、米軍に協力する立場の日本は中国との関係悪化が避けられない。そのため、中国からの経済制裁が発動される可能性が高い。中国への依存度が高い企業は、極めて深刻な打撃を受けることになるだろう。

これらはいずれも物流の停滞を招くから日本は必要なものが輸入できず、ほぼ確実にインフレになる。モノによっては、異常なほどに価格が高騰するだろう。この〝悪性インフレ〟は家計や企業活動を圧迫し、景気は一気に冷え込む。

当然、政府の税収も減る。それでも景気対策は求められるから財政支出は拡大し、財政悪化に拍車がかかる。台湾有事の展開と影響は読みにくいが、現在のウクライナを見ればわかるように、戦争による経済被害は著しく巨額になる。日本が戦闘に巻き込まれ、戦局が泥沼化した場合、経済被害や財政負担は平時には到底考えられない規模になる可能性がある。

このように、巨大災害や台湾有事などのリスクが顕在化すると、巨額の財政支出が必要になる。まったく余力のない日本の財政にとっては致命的な状況で、一瞬にして国家破産状態に陥るだろう。

いずれにしても、私たちは今後一〇年以上もの間、このような激動の国家破産時代を生きて行かなければならないのだ。

第五章

政府はゾンビのように生き残り、国民の財産を収奪する

結局日銀は政府の発行する国債を買って、
国債が下落するリスクを上げているだけ。
今後、国債が下落して、金利が一％でも上がれば
政府は予算編成すらできなくなる。
税収は金利返済で吹き飛び、財政は立ち行かなくなるだろう。

伊東光晴（元京都大学名誉教授）

国民は政府の手からは逃れようがない

本書の上巻では、破綻国家において政府が何を行ない、国民がどのような悲惨な仕打ちを受けてきたのかを見てきた。そして本書の前章では、その〝ひどい仕打ち〟がいよいよ私たち日本国民にも目前に迫ってきていることを説明した。容赦ないその内容に、「国家とは、なんとひどいものなのか！」と憤りを覚えた読者の方もいらっしゃるかもしれない。

しかしこのような仕打ちは、残念ながら国民であれば甘んじて受けなければならない。なぜかと言えば、それは近代国家（特に民主主義国家において）が「国民自らの手によって政治が決められる」ことを前提にしており、自分たちで決めた物事によって危機が生じたならば、その結果も自分たちで享受することが当然の義務となるからだ。

もちろん、実際に国民一人ひとりが国家運営のあらゆる意思決定に関わることはあり得ないのだが、それでも「自分たちが選んだ為政者の意思決定に従う」という原則がある以上、国民は政府の意思決定に従わなければならない。

これが、近代以前の世界ならばまだ話は違っていた。王や貴族が権力を独占し人々を支配する社会にあって、権力者は力ずくで民を付き従わせたし、また従わない民は殺されたり追放されたりすることも日常的であった。王や貴族はたびたび領民から厳しく搾取《さくしゅ》し、また当たり前のように借金を踏み倒してきた。こうした時代なら、国民は政治の意思決定に一切関わりがなく、政治に不満を持ったとしてもそれはある意味正当なものと言えるだろう。

しかし、一七世紀以降に起きたイギリス革命やアメリカ独立革命、フランス革命などの市民革命によって、国家は近代化した。王や貴族といった権力を持つ一部の人間による属人的支配から脱却し、人々は等しく「法の支配」を受けることとなったのだ。

そのおかげで誰もが法の下で基本的人権を保障され、誰かから不当に殺されたり搾取されたりすることはなくなった。しかし、一方で国民は政治の意思決定に関わることとなり、そこには「自分たちが関わった政治の意思決定には従う」という義務が生じるようになった。

法治国家である日本では、あらゆる政治の意思決定は「法律」や「条令」という形で明文化される。法律や条例の制定・変更は、選挙によって選ばれた議員が国会や地方議会で決定される。もちろん、議員たちが自分たちの好き勝手に法律や条例を決めることはできず、民意を反映しなければいけないわけだが、社会情勢などによっては国民にとって不利益な意思決定を下さざるを得ないこともある。

たとえば、国民の財産に対して何らかの制限や強制力を持たせることがそれで、具体的に言えば国民の財産を召し上げる「徳政令」を実施する、といったことも当然あり得るということだ。

ただここで、少し法律に詳しい方なら「今の日本の法律で本当に可能なのか」と疑問に思われたかもしれない。日本の法律の根幹である憲法には、国民の権利と義務が定められており、その二九条には「財産権」が規定されている。ごく簡単に言えば、「他人の財産を侵害してはならない」というもので、これは個人間に限った話ではなく、個人と国家においても守られるべきものだ。つまり前述した徳政令の実施は、まさに財産権の侵害に当たるわけだ。

しかしながら、この条文にはこのような但し書きが付いている。「財産権の内容は、公共の福祉に適合するように、法律でこれを定める」——この「公共の福祉」という点がキモなのだ。法律上でいう「公共の福祉」とは、衝突・矛盾する人権を公平に調整するものだ。

これを説明するのによく引き合いに出されるのが、煙草を吸う権利（喫煙権）と煙草の煙を避ける権利（嫌煙権）だ。双方の利害が衝突するこの問題については、喫煙による健康被害などを踏まえ、喫煙できる場所を制限するなど喫煙権が制限される形で法律・条例が定められている。

このように、国民が何かを自由に行なう権利というものは、なんでも無制限で保障されているわけではない。「公共の福祉」に照らして、必要に応じて制限が加えられるものなのだ。

ちなみに、憲法ではほかにも「公共の福祉」が出てくる箇所がある。財産権のほかに「国民の自由・権利」「生命、自由及び幸福追求に対する国民の権利」「居住、移転および職業選択の自由」が、「公共の福祉」の制約を受けることが明記されている。

では、財産権が制限されるような「公共の福祉」とはどのようなものが考えられるか。まさに「国家破産」はこれに当たるだろう。財政破綻によって予算編成ができず、様々な行政サービスが機能不全に陥れば、国民の生活は極めて不安定になり、社会は混乱するだろう。事件や事故があっても警察が来ない、公立の学校は軒並み閉鎖で教育も受けられない、役場に書類を取りに行っても誰も対応しない、医療や介護も受けられない。さらに言ってしまえば、隣国から攻め入られても国土や国民を守ることすらおぼつかないということになる。

財産権を大幅に制限してでも財政再建を断行し、国家運営の安定を図ることが、結果的に「公共の福祉」に適《かな》うということになるだろう。

もちろん、こうした法律の解釈については、専門家による様々な見解や論説があるのだが、世界中の多くの国家破産を実際に取材してきた私に言わせれば、法学上の議論とは別に「政府は追い込まれればなんでもやる」というのが現実である。どんな方便も使うし、いざとなれば法を変えることもいとわない。それは、彼らの保身・延命という側面もあるかもしれないが、一方で国家運営が立ち行かなくなれば路頭に迷うのは国民であり、さらに言えばそのタイミングで他国に侵略・征服されるようなことがあれば、国家そのものが消滅する危険すらあるためだ。政府が死に物狂いになるのは、当然のことなのだ。

有史以来、借金は何度も踏み倒されてきた

さて、国家破産時には政府による借金の踏み倒しや国民資産の没収といった「徳政令」が実施されるわけだが、この「徳政令」の歴史について少し振り返ってみたい。というのも、実は有史以来、借金は何度も何度も踏み倒されてきたことは、あなたが知る知らないに関わらず歴史上に厳然と存在する事実なのだ。

日本で初めて徳政令が実施されたのは、鎌倉時代の永仁五（一二九七）年に九代執権・北条貞時が出した「永仁の徳政令」である。この時の徳政令は、貧窮する御家人を救済することが主な目的で、御家人の所領（所有する土地）の売買や質入れの禁止に加えて、すでに売却・質流れした所領も元の領主が領有することを定めた。御家人にカネを払った側からすれば、借金のカタに取った土地を召し上げられるのだから、踏み倒しに遭ったようなものである。

なぜ、このような理不尽な法令が出されたのか。実はこの時期、鎌倉幕府は二度の元寇襲来（一二七四年、一二八一年）に遭っており、御家人たちは所領を売ったり質入れしたりして戦費を捻出し、幕府に奉公したのだ。

しかしながら、相手を退けたに過ぎないこの戦では、敵から何も奪うことはできず、幕府は御家人たちの奉公に御恩（恩賞）を出すことができなかった。鎌倉幕府の根幹である「御家人制度」が、根底から崩壊しかねない事態に陥ったのである。この状況を打破するため、幕府は「御家人が抱える借金は踏み倒す」という、とんでもない法令を出したのである。

果たしてこの〝奇手〟は成功したのかというと、残念ながら鎌倉幕府をさらなる窮地に追い込んだ。当初は御家人も一息付くことができ、効果があったようにも思われたが、事態はさらに悪化する。借上《かしあげ》（カネ貸し業者）などが、この一件に懲りて、御家人にカネを貸さなくなってしまったのだ。所領の質入れもできない御家人はさらに困窮し、御家人たちの幕府への不信と不満がさらに高まったのである。この徳政令は、鎌倉幕府滅亡の一因とも言われている。

永仁の徳政令から三〇年あまりが経った一三三三年、後醍醐天皇は鎌倉幕府を滅ぼし、親政（天皇自らが行なう政治）を開始する。この時に実施されたのが「建武の徳政令」だ。この徳政令は、元弘の乱（後醍醐天皇による鎌倉幕府打倒の戦）での論功行賞《ろんこうこうしょう》のために行なわれたもので、債務の無効（借金踏み倒し）を狙ったものではなかった。しかし、元弘の乱で後醍醐天皇が一時配流（島流し）された際、天皇所領の所有権が移動されたのだが、これを原則無効としたことで実質的には徳政令と同じ効果を発揮した。当然、この時も金融業者は損を被ることになった。

時代は下り、室町時代に入っても徳政令は実施された。しかし、その背景はそれまでとはまったく異なるものとなった。鎌倉時代には御家人などの〝権力者側を救済〟する目的だったが、室町時代のそれは困窮する〝民衆〟が借金帳消しを要求するものに変化したのだ。

室町時代中期の一四二〇年代、異常気象による飢饉や疫病が頻発した。これで困窮した民衆は、大規模な一揆を起こす。将軍の代替わり年に当たる正長元年（一四二八年）に起きた、「正長の土一揆」だ。畿内《きない》（首都周辺の特別区）やその周辺の馬借《ばしゃく》（馬を使った運送業者）、地侍《じざむらい》、農民などが借金の帳消し（徳政令）を求めて起こした大規模な一揆で、暴徒化した民衆を大寺院や幕府は何とか鎮圧しようとしたが、この一揆はそれまでのものとは勢いが違った。一揆が別の場所でも次々と勃発し、大寺院のみならず当時の金融業者である「酒屋」「土倉《どそう》」も襲い、いよいよ京にも暴動がおよんだのだ。

コトを重く見た室町幕府は、土一揆の禁止令を発令し、一揆勢に厳しく対応する姿勢を打ち出した。この時、幕府は徳政令を出さなかったが、実際には土倉など金融業者が持っていた借金の証文が破棄され事実上の「徳政」が行なわれた（私徳政）。また大和国（現在の奈良県）では、実質的な守護とみなされていた興福寺が徳政令を認め、領内に限った徳政令（在地徳政令）が施行された。

さらに、「正長の土一揆」から下ること一〇年余り、またしても将軍の代替わり年である嘉吉元年（一四四一年）に大規模な一揆が起きる。「嘉吉の徳政一揆」だ。京都、近江坂本（現在の大津市）の馬借を中心として農民、地侍も蜂起し、数万人規模にまで膨れ上がったこの一揆では、一揆勢が京都を包囲して孤立させ、寺院や金融業者を組織的に襲撃して徳政を求めた。幕府は対応が後手に回り、事態はいよいよ悪化、最終的に幕府は徳政令を発布せざるを得なくなった。この一件で室町幕府の権威は大きく傷付き、その一方で民衆はさらに勢い付いた。そして続く一四五四年、一四五七年にも土一揆を起こし、徳政を勝ち取って行った。

こうして顕在化した室町幕府の凋落は、一四六七年に勃発した「応仁の乱」に至って決定的なものになって行く。応仁の乱によって、室町幕府が全国的な統治能力を喪失すると、守護大名に代わって全国各地に戦国大名が台頭し、一元的な支配を確立するようになった。「戦国時代」の到来である。

この時代になると、大名が領内を治めるための政策手段として徳政令を用いるようになった。たとえば相模（現在の神奈川県）では、領内で飢饉が発生した際に領主が子供に家督《かとく》を譲り、代替わりの祝いとして徳政令を発布した。甲斐（現在の山梨県）では、土一揆が発生していないにも関わらず、領内の自然災害を契機に独自の徳政令を行なった。さらに、他国との戦に勝利したことを契機に徳政令を出す例もあった。

江戸時代に入ってからは「徳政令」は実施されなかったが、江戸時代中期以降には「徳政令」に相当する「棄捐令《きえんれい》」がたびたび発布された。棄捐令は、財政基盤が弱く慢性的な財政難に陥っていた旗本や御家人を救済する目的で、債権者である札差《ふださし》に債権放棄や債務繰り延べを行なわせた法令だ。「棄捐」とは、「捨てたくはないが、あえて捨てる」という意味合いを持つ。一七八七年から九三年に行なわれた寛政の改革では、一七八四年以前の借金は免除、それ以降の借金は利子を三分の一に減じた上で長期返済にする内容で棄捐令が定められた。

これで札差が棄捐させられた金額は、なんと幕府の年間支出額相当におよんだという。大打撃を受けた札差は店を閉め、旗本・御家人にはカネを貸さないという者も出てきた。借金帳消しとなった旗本・御家人も、当初は喜んだものの、借金ができなくなったことでさらに生活が困窮した。あまりの苦境に〝追いはぎ〟を行なう武士も現れ、多くの旗本・御家人が棄捐令に不満を持ったという。江戸時代においても、日本史上初めての徳政令である「永仁の徳政令」と似たような経緯をたどっていることは、興味深い。

ほかにも江戸時代では、一八四三年の天保の改革の一環として「無利子年賦返済令」という名前で棄捐令が発布された。旗本・御家人の未返済の借金をすべて無利子にし、また元金の返済は二〇年かけるという内容だったが、これによって江戸では札差の半分近くが店を閉じたという。また、江戸時代末期の一八六二年に行なわれた文久の改革でも、借金の利子引き下げを命じることが決められた。

もちろん、江戸時代に棄捐令を行なったのは幕府だけではない。松江藩、加賀藩、佐賀藩などでも行なわれている。また、江戸時代後期から幕末になると、いずれの藩も財政状態は極めて厳しく、借金まみれと言ってよい状態にあった。藩政改革によって成果を上げた藩もあったが、その中には薩摩藩の調所広郷《ずしょひろさと》のように、莫大な負債を〝二五〇年〟もの年賦返済にするという強引な手法を取るものもあった。これもなかば「徳政令」のようなものだが、債権者であった大坂の商人たちは混乱し、倒産するものもあったという（ちなみに調所は、幕府にあらかじめ賄賂を渡していたため、お咎《とが》めなしだった）。幕末には、贋金造《にせがね》りに手を染める藩も続出していたというから、諸藩の困窮ぶりは想像以上のものだったろう。

江戸末期、黒船が襲来し開国への圧力が強まると、「尊王攘夷《そんのうじょうい》運動」が高まりを見せた。これは、鎖国体制維持のために欧米列強を排そうという「攘夷論」と、開国に否定的な朝廷の意を汲《く》み朝廷を重んじようという「尊王論」が結び付いたもので、開国を志向する幕府への不満がやがて倒幕運動へと変化して行った。そして、薩長土肥《さっちょうどひ》が連合して江戸幕府を打ち倒し、維新を成し遂げる。

しかし、発足した明治新政府の船出は決して華々しいものではなかった。それどころか、江戸時代に幕府や諸藩が積み上げたすさまじい債務の整理に追われることとなった。いくら「御一新《ごいっしん》」と言えども、江戸時代の借金をすべてなかったことにするなど到底できるわけがない。もしそうすれば、強大な財力を持つ豪商からの不興を買い、さらに明治新政府への信用にも大きく傷が付くことになる。

そこで明治政府は、日本を近代国家に大きく様変わりさせる改革の中に、債務整理や財政再建を組み込んで実施して行った。まずは、有名な「廃藩置県」だ。実はこの改革は、廃藩する代わりに諸藩が抱える莫大な借金を一定条件で新政府が肩代わりするという内容であった。借金に困っていた諸藩は、次々とこれに応じて行ったわけだが、実際には藩が独自に発行していた藩札の三分の一以上、藩債は半分以上が切り捨てられた。これも、ある意味では形を変えた「徳政令」のようなものである。この損失を被ったのは、〝大名貸し〟（藩に対する融資）を行なっていた富商たちである。また一方で、残りを肩代わりする新政府も莫大な債務を負うことになった。

ちなみに明治政府は、累積債務の整理に留まらない改革を行なって財政の立て直しを行なっている。まず、「地租《ちそ》改正」によって安定的な財源確保を図った。

地租改正は、かなり大がかりな税制改正だ。江戸時代までは、収量に応じて村単位の物納となっていた「租」（年貢）を、収穫力に応じて決められる地価に対して税率が定められ、個別の土地単位での金納へと改められた。

一見するとただの改正のようだが、農民にとっては非常に負担が大きい税制改正である。何しろ、作付けの良し悪しや米価の高低に関わらず、所有する土地を根拠に毎年決まった額を納める必要があるのだ。また、村が共同利用していた入会地などは、所有者不在で納税が困難との理由から国が没収した。こうした事情から、全国各地で「地租反対一揆」が勃発した。

また、歳出についても大ナタが振るわれた。典型が「秩禄《ちつろく》処分」だ。秩禄とは、公家や武士に支払われる給与やボーナスのことだ。江戸時代は、幕府も各藩も多くの武士を抱えていたが、新政府は過渡的に彼らに秩禄を払っていた。しかし、この秩禄は新政府の歳出の四割を占める極めて高負担のものであった。さらに廃藩置県や徴兵制の施行に伴い、武士たちに秩禄を支給する根拠もなくなってしまった。こうした経緯で秩禄は打ち切られた。西郷隆盛が率いて反乱を起こした西南戦争は、実は食い扶持《ぶち》を失った武士たちによる士族反乱である。

明治維新を経済的な視点でとらえ直せば、江戸幕府が国家破産し新政府が苛《か》烈《れつ》な債務整理・財政再建を行なったという話になる。「徳政令」という名前のものは実施されなかったが、実態としては徳政令（借金踏み倒し）的なことも行なわれていたのだ。

さて、日本がこれまでに行なってきた〝借金踏み倒し〟のうち、最後となるものが第二次世界大戦後に行なわれた。「金融緊急措置令」に始まる様々な財政再建策である。一九四六年二月一七日から行なわれた「預金封鎖」、同三月三日に行なわれた「新円切換」、そして「臨時財産調査令」とそれに続く「財産税の徴収」がこれに当たる。これらは借金の踏み倒しではないが、国民資産を徴収し累積する政府債務を整理しようとしたという意味では、徳政令に近い意味合いのものである。

ただ、実態としては徴収した財産税を債務整理に回さず、政府の財源に組み込むといったことが行なわれた。インフレ退治のために行なった財産税が、結局は「火に油を注ぐ」がごとくインフレを加速させることになったのだ。最終的に政府債務は、財産税によってではなく「インフレ高進による実質価値の低下」によって整理が進んだのである。

また、これと並行して「戦時補償特別措置法」という法律も施行された。これは、戦時補償債務（戦争中に政府が支払いを約束した軍需品の未払い代金や撃沈された船に対する補償、工場の疎開経費など）に一〇〇％課税するという形で事実上の債務帳消しを行なったものだ。まさに〝名前を変えた徳政令〟というわけだ。この措置法によって、いくつもの大手軍需企業が倒産寸前の危機に追い込まれた。

「徳政令」は、人類共通の法だった？

このように、鎌倉時代に「徳政令」が登場して以降、日本ではたびたび名前や形を変えた「債務放棄」が行なわれてきた。ただ、なぜ借金の踏み倒しが「徳政」なのか、少々不思議な感もあるだろう。

「徳政」とは、「徳のある政治」を指す言葉で、鎌倉以前の古代～中世では若干異なる意味合いを持っていた。天人相関思想《てんじんそうかん》（中国の政治思想の一つで、自然現象〈天事〉と政〈人事〉には密接な関係があるとする説）に基づき、為政者が代替わりをしたり、地震、火山噴火、飢饉などの天災が起きたりした際に、農民の税の免除や受刑者への恩赦などの特別な仁政を行なうことを「徳政」と呼んでいたのだ。

この中には、売却・質流れした土地の無償返付《へんぷ》や債権債務の訴訟の円滑処理も含まれており、これが後の「徳政令」につながって行った。「元の所有者に返す」ことを通じて、為政者が変わっても元の体制に復帰を図る、災害があっても元の状態に戻ることを目指す、という狙いがあった。

さて、この「徳政」の「元に戻す」という考え方だが、日本固有のものかと言うと実はそうではない。古代史に目を向けると、実に意外なところからこの考え方が出てくるのだ。それは、人類最古の文明とも呼ばれる「シュメール文明」である。現在から約七五〇〇年前の紀元前五五〇〇年頃から紀元前三〇〇〇年にかけて、イラク南部のシュメール地方でシュメール文明が栄えた。一九世紀頃まではほとんど存在が知られていなかったが、イラクの砂漠から次々と遺物が発掘され一気に注目が集まった。

驚くべきはその高度な文明水準だ。楔形《くさびがた》文字に始まり、大規模な都市国家、人類史上最古と言われる広大な貿易網と交通、六〇進法に代表されるバビロニア数学、さらに美術・軍事・建築・医術・宗教など、発見当時には想像すらされていなかった様々な文明の象徴をすでに彼らは持ち合わせていたのだ。余談だが、シュメールの人々はすでにビールを飲んでいたそうだ。

そのシュメール文明の中に、徳政令を行なった王が登場する。紀元前二五世紀頃に存在したラガシュという都市国家の王・エンメテナで、現在確認できる人類史上で最も古い徳政令とされている。

当時の都市国家の王は、外敵から都市を守りまた内政において豊穣《ほうじょう》と安定を維持することが求められた。特に都市国家の安定の維持には、神が定めた秩序を守り、また弱者を救済して市民に「自由」を与えることが重要であった。

当時の社会は、厳格ではないものの身分制社会であり、奴隷も存在した。奴隷になる人間は様々で、借金の末に奴隷になる「債務奴隷」や罪を犯した者がなる「犯罪奴隷」、また他国から買い付けた「購入奴隷」や戦争に負けて「捕虜奴隷」になる者もいたという。こうした最下層の人々をいかに救済するか、自由を与えるかは、都市の安定を司る王にとって重大事案だったのだ。

エンメテナの王碑文《おうひぶん》に、奴隷に対してある時「アマギ」を与えたとする記録が残っている。「アマギ」とは、直訳すると「母に（子を）戻す」という意味で、本来あるべき姿に戻すという意味から「自由」と翻訳される。碑文の一節を引用しよう。

ラガシュ市に自由を確立した。母を子に戻し、子を母に戻した。債務からの自由を与えた。
その時エンメテナはルガルエムシュ神のためにバドティビラ市に彼の愛する神殿、エムシュ神殿を建て、再建した。
（シュメル――人類最古の文明　小林登志子著 中公新書）

つまり、神殿の落慶《らっけい》（落成《らくせい》〈建物の完成〉を祝うこと）に合わせて「奴隷解放」を行なったのである。社会的弱者である奴隷を解放し、自由を与えることで著しい格差を解消し、都市の安定を図ったというわけだ。

しかしながら、奴隷を使役する者たちからすれば、奴隷はある種の「資産」である。それを解放するということは、資産を失うことでもあった。つまりは、私たちが認識する「徳政令」と実質的に同じことを行なったわけだ。当時はそれが神の意志であり、「徳政＝徳のある政治」であることから受容されていたと見られるが、「徳政令」の陰で相応に損失を被った人々がいたのは確かだろう。

このエンメテナ王の後にも、ラガシュの王となったウルイニムギナ王が即位の際に奴隷解放を行ない、さらにその後のグデア王も神殿の落慶を祝って奴隷解放を行なったという記録が残っている。つまり、シュメール文明の時代にもたびたび徳政令が発布されていたのである。それは、「貧富格差を是正することで社会の安定を図る」という側面が強かったようだ。

このシュメール人の思想は、その後古代ギリシャにも引き継がれ、実際に政策として実施もされている。紀元前六世紀、ギリシャ七賢人の一人として挙げられるソロンが、執政官に就任し主導した「ソロンの改革」がそれだ。アテナイの貴族と平民、富者と貧者の格差是正を図るために、「セイサクテイア」という政策が実行された。「セイサクテイア」とは「重荷おろし」という意味で、借金のカタに取られていた土地を元の持ち主に返却し、借金の返済が行き詰まって奴隷になっていた人々も自由人に解放された。

ちなみに、ソロンの改革以後、自由人となった平民たちが増えて行くに従いアテナイには、平等意識や平民による政治的な発言権が強まって行く。また、アテナイ市民は所有財産によって四つの階級に明確にわけられて行き、それぞれの階級で政治権利が定められる（財産政治）など、ソロンの行なった改革はその後のアテナイの国家基盤形成に大きな影響を与えた。

さらに、この「徳政」の考え方は旧約聖書にも登場する。旧約聖書「レビ記」の第二五章にある「ヨベルの年」がそれだ。旧約聖書では、神がイスラエルの民に与えるとした「約束の地」において人々は、六年間畑を耕し作物を育てることを許されたが、七年目は「安息年」として休耕しなければならないとされた。そしてその安息年が七回巡った次の年、つまり第五〇年目が「ヨベルの年」とされ、聖年と定められている。この「ヨベルの年」には、畑の休耕、売却された土地の返還、奴隷の解放が定められており、特に土地の返還では売主に買い戻す余裕がなくとも無償で返還するとされた。奴隷も被雇用者と位置付けられ、この年には解放することとされた。

「ヨベルの年」が示す基本理念とは、「原状回復」だ。原初、人は神の下に平等であった。しかし時代が下ると、富者は広大な土地を所有し、貧者は奴隷となり、その格差は絶望的なまでに大きくなった。「ヨベルの年」は、そうした格差を是正し、人も大地も皆等しく神の所有するものであることを確認するというものだったのだ（ただし、実際にこの規定が実行されたという記述は残っていない）。

シュメールの「徳政」にせよ、アテナイの「重荷おろし」や旧約聖書の「ヨベルの年」にせよ、これら「徳政」の根底にあるのは、〝貧富格差の是正による人心の安定と社会秩序の維持〟であった。その文脈でとらえ直すと、実は鎌倉時代から江戸時代にかけて行なわれた「徳政令」や「棄捐令」も、ある意味では武家社会の安定が目的であった（結果的に失敗し、より混乱を増幅させることもあったが）し、明治維新も見方を大きく変えれば近代国家への〝ガラガラポン〟の過程で、「困窮する幕府・諸藩・百姓たち」と「一部の豪商・豪農」といった格差構造を「御一新」するという側面があった（これも貧しい武士と百姓がさらに貧しくなり、岩崎弥太郎はじめ新興富裕層が台頭するといった矛盾をはらんでいたが）。つまり徳政令とは、「いびつになり過ぎた経済格差を強引に解消しようという試み」ととらえ直すことができる。

これを、現代日本で考えるとどうなるか。今の日本は、政府が膨大な借金をして国民や企業にばら撒くという構図だ。かつてあった、諸藩や御家人が農民から取り立ててそれでも足りずに借金し豪商が潤い蓄《たくわ》えるという構図は、現代では政府が借金して国民や企業が潤い蓄える、という話にすり替わっているのだ。

と、こういう話をすると、多くの国民は「自分が政府の天文学的債務の恩恵を受けている」という実感はなく、むしろ「全然、恩恵などない」と思うかもしれない。しかし、私たちは確実に恩恵を受けているのだ。

あえて近視眼的に、具体的に、かつ誤解を恐れず言うならこうだ。まず、コロナ禍で給付金や借入金を手にした人たちは、まさにそれに当たるだろう。「お店の休業給付金で高級車を買った」などという話もあったが、それこそ典型例だ。普通に考えて、仕事を休んでいるのに働いている時より良い暮らしぶりになるのはおかしい。また、非常に安い自己負担で医療や介護のサービスを頻繁に利用している人たちもそうだ。必要性が低い薬を飲み切れないほど大量にもらい、これまた必要はないのに毎日病院に出向き、井戸端会議に興じるなどというのも、本来は高額であるはずの医療や薬を安価でもらっているわけで、政府の借金の恩恵にあずかっている話だ（なおこの問題は、受診する患者側だけでなく医療を提供する側にも恩恵がある点に注意が必要）。

十分な蓄えがありつつも年金を受給する人たちもそうだ。本来の年金の役割は、「保険」である。保険とは、けがや病気をした時の経済的な備えであって、けがや病気をしなければ保険金は下りない。同様に、年金も自身に十分な蓄えがあれば受給する必要はないものである。保険料を払うのは「互助」の概念に基づくものであって、いざ年を取って働けなくなり、経済的にも行き詰まった人を社会全体で救うための「社会的経費」である。決して、元本と利回りが保証された積立預金の類ではない。したがって、「十分な蓄えがあるのに、年金ももらう」というのは、話がおかしいのである。

しかも、それが現役世代への大きな経済負担の下に成り立っているのだ。これを「もらって当然」「減額は許さない」などと強弁するのであれば、「世代間搾取」の誹《そし》りを受けても何の言い訳もできない。

大きな収益を上げているのに、それに見合った納税をしない企業もそうだろう。所得税に比べると法人税は相対的に低いとされるが、それをさらにあらゆる節税対策を駆使して圧縮し、内部留保をたっぷり蓄えている企業などもそれに当たる。そうして蓄えた資金を従業員に還元するわけでもなく、賃金も低いままであれば、景気が上向かないのも無理はない。

ただ、こうした恩恵を受けている人々や企業からは、「国がまともな税金の使い方をしないから税金を納めたくない」「もらえるものは何でももらわないと損」という声が聞こえそうだ。しかし、よく考えてみてほしい。政府から国民と企業がお金を吸い上げ続け、政府が借金を積み上げた挙句に資金繰りに行き詰まったらどうなるのかを。

日本の現状を国家全体のバランスシートという視点でとらえれば、企業や家計は蓄えがある一方で、その分政府が多額の借金をしていることがわかる。しかも、そのバランスシートは政府が大量の国債を発行し続けることで、どんどん膨張している。言い方を変えれば、この「政府・企業・家計」の三部門の経済格差は、もはや持続不能なレベルにまで拡大しているわけで、どこかでこれを正さなければ社会は破局的な結末を迎えるだろう。

今の日本は、「徳政」という考え方に立ち返る必要性が高まっている。

徳政令はいつ、どのように襲いかかるのか

さて、人類の「徳政の歴史」をめぐるタイムトリップから一気に現代の日本に戻ろう。もし国家破産が起きれば、その時に政府が行なう施策は様々あるが、それらは大きく「徳政令」と「財政再建策」にわけられるだろう(財政再建はさらに歳入増と歳出減に分解できる)。ちょうど明治維新において、「廃藩置県」が債務放棄の徳政令に、「地租改正」が歳入増(実質的な増税)に、「秩禄処分」

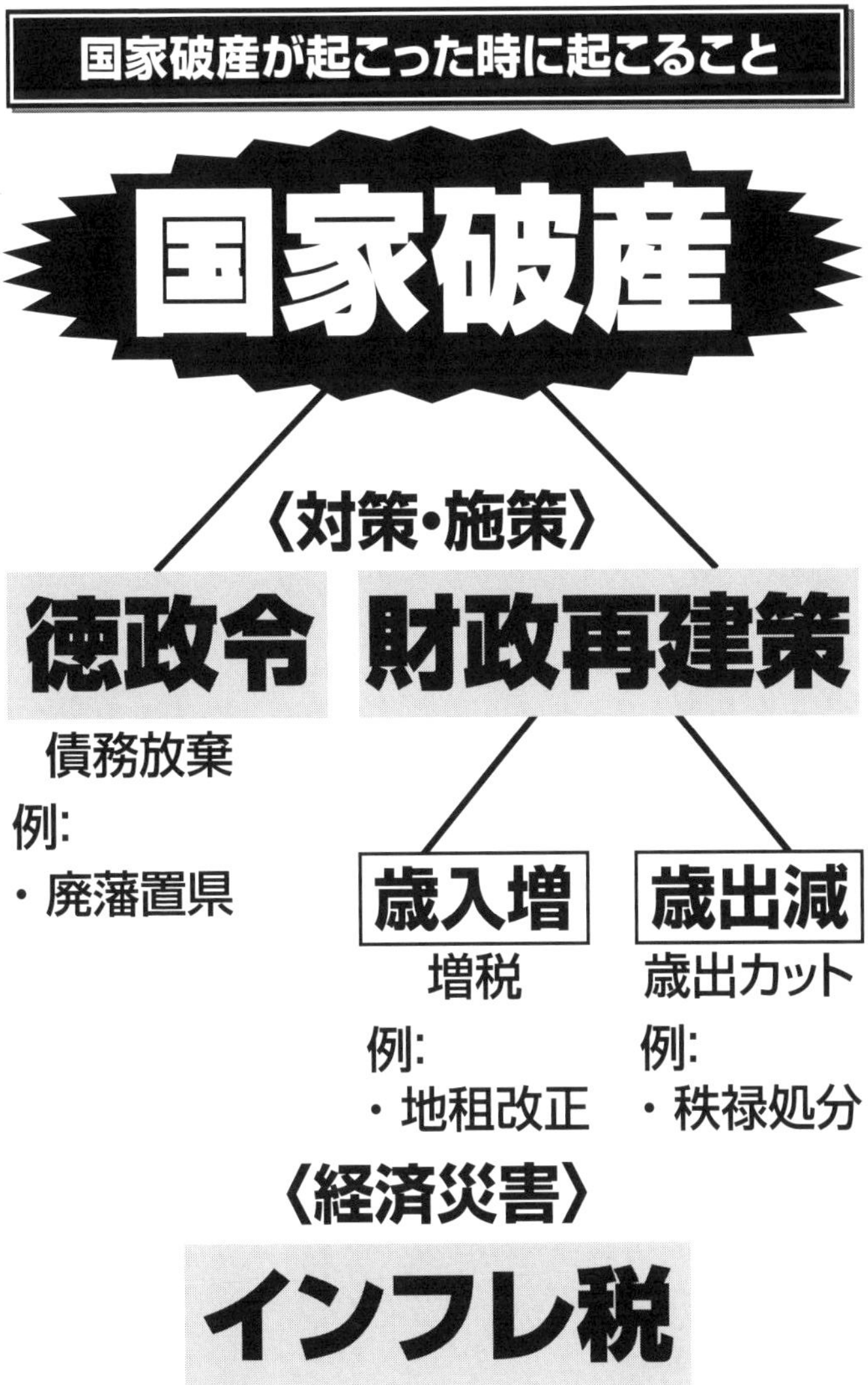
国家破産が起こった時に起こること
国家破産
〈対策・施策〉
徳政令
債務放棄
例:
・廃藩置県
財政再建策
歳入増
増税
例:
・地租改正
歳出減
歳出カット
例:
・秩禄処分
〈経済災害〉
インフレ税

が歳出減に相当したように、現代日本でも「累積債務の切り捨て」「増税」「歳出カット」はセットで行なわれることとなる。

では、日本政府がいかにして現代の「徳政令」を行なうのか、見て行こう。

■徳政令の具体的なやり方

徳政令とは債務放棄であるから、直接的な方法としては日本国債の債務不履行（デフォルト）ということになる。ただ、おそらく債務不履行に踏み切る可能性は低いだろう。日本国債は、主に日本国内で消化されている（内債）ため、海外向けの国債（外債）が多いアルゼンチンなどのようにデフォルトによって直接海外からの圧力がかかる心配はなく、実施の障壁は低いように思われる。

しかし、国債が債務不履行となれば信用格付けは地に堕ち、海外とのあらゆる取引に甚大な悪影響をおよぼす。食糧やエネルギーの輸入をはじめ、工業製品や中間材の貿易など経済活動の大半が海外との依存関係で成り立つ日本にとって、そうした事態は極力避けたい。

そこで代替的に行なうのが、国民から資産を徴収して債務整理に充てるというやり方だ。すなわち、「財産税」である。財産税の課税は、ある日突然「それをやります」というわけには行かない。前述の通り、まず財産権の侵害というハードルをどうにかする必要がある。そこで参考となるのが、一九四六年に実施された財産税だ。この時は、「金融緊急措置令」という特別な法律を発令した。現在の日本でも、「国家の危機的財政状況にかんがみて『公共の福祉』の観点から財産権を制限する」とでもすれば、憲法違反を回避することも可能だろう（法学者の見解によっては、違憲となる可能性もあるが）。発令と連動して、国内の主要メディアには財政危機がおよぼす国民生活への甚大な影響を連日報道させ、「国が斃《たお》れるくらいなら、国民財産を差し出そう」という機運を醸成させる。また、ＩＭＦにご登場いただくという手もあろう（あるいはＩＭＦの方から勝手に来るかもしれない）。ＩＭＦが日本の危機的財政が国際社会におよぼす悪影響への懸念を強面で表明し、「日本政府が抜本的な再建策に出ないなら、経済制裁も辞さない」などと恫喝《どうかつ》すれば、外圧に弱い日本人はあきらめて財産税を受け入れるだろう。

財産税の法律が通せれば、後は実行に向けた具体的な手続きの問題となる。これも戦後の財産税が大いに参考になる。まず必要なのは、国民資産の「固定」と「把握」だ。具体的には、「預金封鎖」と「財産調査令」である。

「預金封鎖」は、計画的に実施する場合は「金融緊急措置令」の発令と同時になるだろう。タイミングとしては、金融機関が閉まる金曜日一五時以降、あるいは土日に発表し、即時に預金封鎖も行なうのが定石だ。こうすれば、ほとんどの国民が打つ手なく財産を固定させられるためだ。

ただ、実際には財産税の発表とは関係なく、先行的に預金封鎖が行なわれる可能性も考えられる。台湾有事や天災などの突発的イベント、もしくは金融危機や銀行破綻といった事件が起き、国内の金融システムがパニック的な状態になれば、緊急措置としての預金封鎖が行なわれるだろうからだ。そうした状況をうまく利用する形で、財産の移動制限を強化する手もある。

なお、国民資産の「固定」については、預金封鎖のほかにも手段がある。「引き出し制限」「振替や引き落としの制限」「海外への送金制限」など、最低限の経済活動以外での資産移動が困難となるような制限をかけることも、非常に有効な手段になり得る。これらの制限が実施されるならば、それは「徳政令」への先触れである可能性に注意すべきだ。

さて、「財産調査令」も財産税実施の発表と同時に行なわれることになる。戦後に行なわれた財産調査令では、保有財産については預金、現金、株式、土地から動産に至るまでを自己申告させた。自己申告ゆえ、多少〝チョロまかし〟て申告する例もあっただろうが、当時の社会状況ではそれなりに財産を持っていれば地元である程度知れ渡ってしまっただろうし、税吏《ぜいり》も当然そうした情報をつかんで追跡調査をしたことだろう。なにより、敗戦とＧＨＱ進駐によって「財産税は仕方がない」と考える機運であったというから、ある程度精確に実施されたものと思われる。

翻《ひるがえ》って現代だが、マイナンバー制度の導入によって、主だった金融機関の資産情報の把握はかなりしやすくなっている。海外資産についても、ＣＲＳ

（共通報告基準）に基づいてOECD加盟国間で金融口座情報の交換がなされており、当局による情報把握がある程度まで進んでいる。また不動産については、マイナンバーと連動していないため「名寄せ」は難しいが、不動産登記情報から一定規模以上の不動産所有者の情報を割り出し、金融資産情報とクロス集計することである程度まで資産規模を推定することができるだろう。金《きん》・銀などの現物資産は、金《きん》の取扱業者に取引履歴の保管義務が定められているため、これを開示させれば大口所有者の割り出しは可能だ。

また、こうした情報の集計（名寄せ）には膨大な労力が伴うが、AIなど最新のITツールなども活用すればそれもかなり容易になるだろう。したがって、「財産調査令」自体は自己申告で行なわれるものの、あくまでそれは表向きの話であって当局側は独自に資産集計情報を保有し、申告と突合《とつごう》させて虚偽申告をあぶり出し、より厳格な対応を行なうといったことがなされるだろう。

さて、このようにして「固定」「把握」された国民の財産は、一度限りの財産税として徴収され、政府債務と相殺されることとなる。そうなると、次に気になるのは「財産税でどれくらい持って行かれるのか」だろう。これについては、理論的には国民の資産分布を元にして、保有資産額に応じた累進税率を定めるのが定石だ。目安として、やはり「戦後の財産税の税率」は有用だろう。

九九ページの表は、一九四六年の財産税の税率と当時の課税価格を、現在の貨幣価値に置き換えた場合の課税価格を表したものだ。一九四六年と現在の物価を比較すると約四〇〇倍になるため、課税価格も単純に四〇〇倍としている。

実際には国民の資産分布に応じた設定を行なうのが合理的であるから、課税対象となる最低資産が四〇〇〇万円より低い可能性も想定すべきだが、本書では一旦これを参照事例として考えて行きたい。

さて、実際の財産税の計算方法だが、たとえば五〇〇〇万円の資産を持っている場合ではこうなる。

①四〇〇〇万円分については課税されない。

②超過分のうち、四四〇〇万円までの四〇〇万円に二五％課税される

（税額一〇〇万円）。

③さらに、四八〇〇万円までの四〇〇〇万円部分に三〇％課税される
（税額一二〇〇万円）。
④さらに、四八〇〇〇万円を超える二〇〇〇万円部分に三五％課税される
（税額七〇〇万円）。
⑤財産税額は、一〇〇〇万円＋一二〇〇万円＋七〇〇万円＝二九〇〇万円
五〇〇〇〇万円の資産を保有していれば、三〇〇〇万円弱の税金が課されることになるが、これが一〇億円になると六億五〇〇〇万円あまりの課税となる。財産の半分以上が持って行かれる計算だ。こうして国民から財産を収奪し、まずは累積債務を大きく整理するというのが、政府の第一手となるだろう。

さらに苛烈な手を講じる可能性にも言及しておこう。それは、「資産の直接没収」だ。特に注意すべきなのは、「金《きん》の没収」と「銀行の貸金庫の没収」、さらに「外貨建て資産の徴収」である。これも「金融緊急措置令」とセットで実施される可能性があるが、実施時期については必ずしも財産税と同時期ではないかもしれない。たとえば財産税を取った後、追加的に金《きん》没収などを行なうこと

1946年実施の財産税を現在の貨幣価値で計算すると

1946年の財産税課税価格	税率	現在の貨幣価値に換算した課税価格
10万円超―11万円以下	25%	4000万円超―4400万円以下
11万円超―12万円以下	30%	4400万円超―4800万円以下
12万円超―13万円以下	35%	4800万円超―5200万円以下
13万円超―15万円以下	40%	5200万円超―6000万円以下
15万円超―17万円以下	45%	6000万円超―6800万円以下
17万円超―20万円以下	50%	6800万円超―8000万円以下
20万円超―30万円以下	55%	8000万円超―1億2000万円以下
30万円超―50万円以下	60%	1億2000万円超―2億円以下
50万円超―100万円以下	65%	2億円超―4億万円以下
100万円超―150万円以下	70%	4億円超―6億円以下
150万円超―300万円以下	75%	6億円超―12億円以下
300万円超―500万円以下	80%	12億円超―20億円以下
500万円超―1500万円以下	85%	20億円超―60億円以下
1500万円超	90%	60億円超

で、さらに資産を没収するという方法も有効と考えられるためだ。

具体的な方法だが、まず金《きん》の没収については、個人での金《きん》保有を制限する法律を作る。一九三三年にアメリカで実施された金《きん》没収は、大統領令によって個人の金《きん》所有を禁じ、期日まで保有する金《きん》を政府の公定レート（実勢レートよりかなり不利なレート）で売却することを命じた。同様の方法を取れば、現物所有の金《きん》をあぶり出すことができるだろう。前述の通り、金《きん》業者にある取引履歴情報を使えば所有者の割り出しも十分可能なため、主だった大口所有者については遺漏《いろう》なく没収が可能だろう。さらに、現代では金《きん》ETFや純金積み立て、金《きん》業者による現物保管サービス、金《きん》先物など様々な「ペーパーゴールド」があるが、これらは現物よりもさらに扱いやすい。業者に命じて取引を停止させ、公定レートで強制決済させるだけである。これも、ある日突然発表し即時施行して、一網打尽《いちもうだじん》を狙うだろう。

「銀行の貸金庫の没収」は、金《きん》に比べると実施は難しいかもしれない。貸金庫内の資産の没収が、政府の債務整理や財政再建のために合理的で有効な手段で

財産税の課税方法（5000万円の場合）

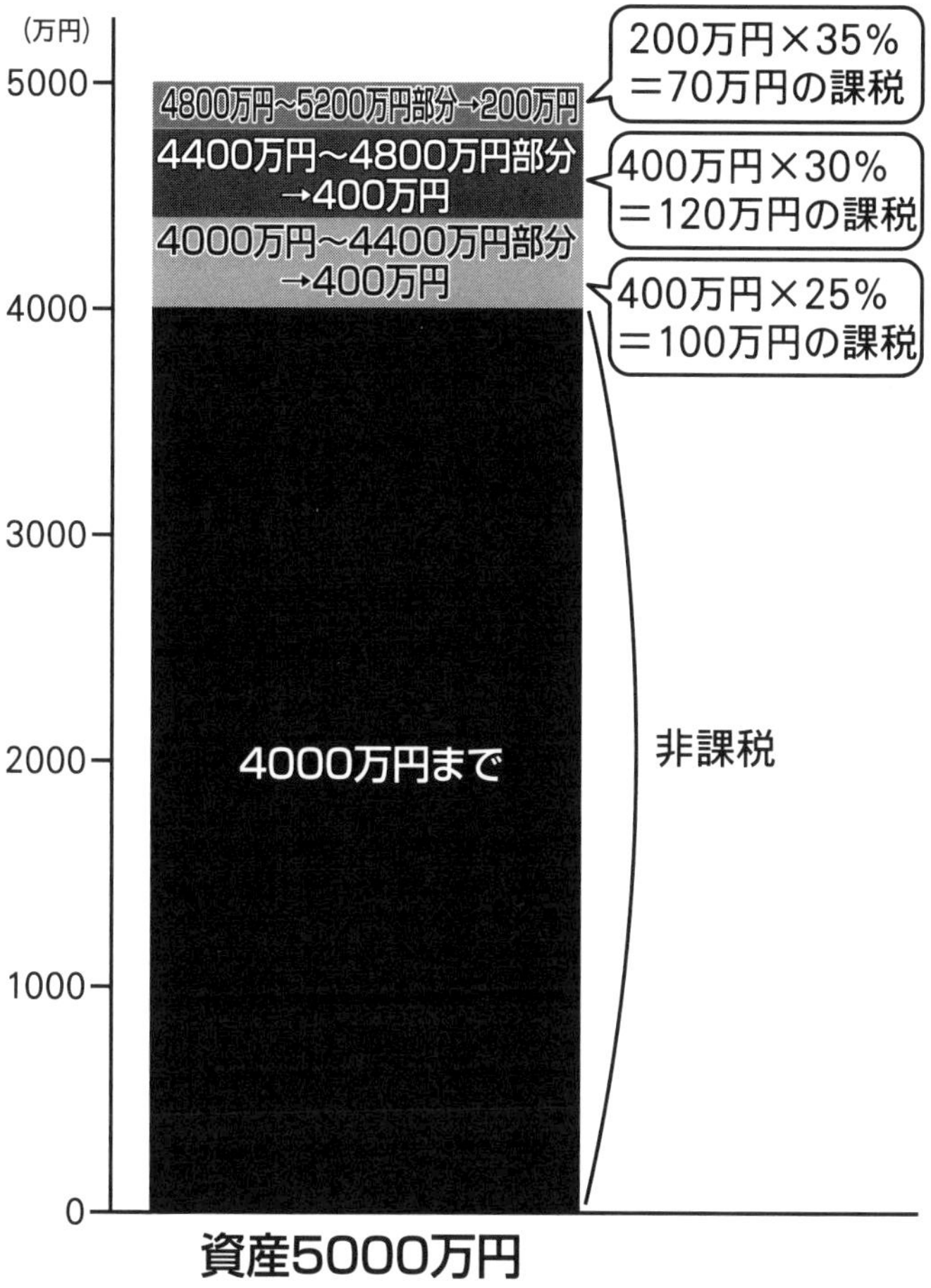

あるかを明確に示しづらいためだ。ただ、中にしまっているものによっては、実質的な没収対象となり得るかもしれない。たとえば金《きん》が入っていれば、それは前述した金《きん》没収の対象となるだろう。日本円の現金については、財産税の課税対象に繰り入れられるほか、預金封鎖と連動して貸金庫も封鎖されるなどすれば、後述する高インフレの影響で資産価値が激減する危険もある。いずれにしても、大切な財産を銀行という「政府の出先機関」に預けている以上、生殺《せいさつ》与奪《よだつ》は政府の胸先三寸と考えておくべきである。

「外貨建て資産の徴収」については、金《きん》と同様の没収を行なうことが想定される。具体的には、外為法（外国為替及び外国貿易法）を改正し、個人が外貨建て資産を保有することを制限するという方法だ。元々日本では、一九九八年の「金融ビッグバン」以前に個人の外貨建て資産の保有が原則認められていなかった。その当時に先祖返りするというわけだ。金《きん》没収と同様に、ある日突然、非常に不利な公定レートでの強制円転を発表・実施すれば、外貨建て資産は事実上没収となる。

ハイパーインフレもある種の「収奪行為」

「財産税」や「資産没収」などは国民の資産を収奪するわかりやすい方法であるが、政府が取り得る方法はそれだけに留まらない。実は、「インフレ」もある種の財産収奪の方法である。それは、物価の上昇によって政府債務の返済負担が実質的に軽くなるためだ。これを「インフレ税」と呼ぶ。

インフレが高進すると、国民生活は非常に苦しくなり、また国民財産も実質的に減価して行くことになるが、多額の債務を抱える政府にとっては自動的に債務が圧縮されるため、非常に都合がいい。しかもこの「インフレ税」は、政府にとってほかにも利点がある。

まず、財産税のように何か調査や徴収のように役人を動員する必要がない。さらに物価の変動であるため、誰一人として逃れることができず広く「徴税」できる。そしてなにより、議会で法律を通したりする必要がない。政府は、実質的にはインフレの「なすがまま」にすればいいだけで、インフレ対策を講じている体《てい》さえうまく装えば、国民からの批判も受けにくい。非常にやりやすく、都合がいい方法なのだ。

適度な水準のインフレであれば、うまく金利を操縦しながら効率的に債務圧縮が可能となるのが「インフレ税」の利点だが、しかし話はそれほど簡単ではない。得てして財政危機下で発生するインフレは、「ハイパーインフレ」と呼んでいいほどの苛烈なものになりやすく、制御不能に陥りやすい。パニック的な側面もはらんでいるため、政府が多少のインフレ対策をしたくらいでは国民の目をごまかせず、暴動やデモ、最悪の場合クーデターにまで発展しかねない危うさがあるのだ。

実際、第二次世界大戦後の一九四五〜五〇年の五年ほどの間に、物価は七〇倍あまり上昇し、ほとんどの国民は財産を失った。一方で政府は莫大な戦時債務を圧縮できたが、結局のところこの間のインフレの制御はほとんどできていなかった。終戦のドサクサ、さらにＧＨＱ進駐という状況下でクーデターを起こそういう者はほとんどいなかったようだが、一九四六年五月一九日の「食糧メーデー」（皇居前に二五万人が集まって政府に食糧を要求する大会）に代表されるような、デモや運動が各地で巻き起こった。

結局、戦後の高インフレは日本政府が主体的に鎮圧することができず、ＧＨＱという外圧による強力な政策に頼ることになった。ＧＨＱが一九四九年に導入した、「ドッジ＝ライン」という超緊縮型の経済政策がそれだ。

しかしながら、この劇薬は反動も大きく「ドッジ不況」と呼ばれるすさまじい不況が到来、国民はまたしても苦境に立たされた。

あなたの財産・生活は、具体的にどうなるのか

ここまで見てきた通り、来たるべき日本の国家破産で私たちに襲いかかる経済災害は主に二つある。一つは「徳政令」、そしてもう一つは「インフレ税」だ。徳政令は財産を収奪し、高インフレは財産を溶《と》かして無価値にしてしまう、い

ずれも恐ろしいものである。

実際、どれだけ恐ろしいのか、保有資産別に大まかなシミュレーションをしてみよう。具体的には、次のような保有資産層について見て行く。資産総額としては、規模が異なる次の六つの例を見て行くが、それぞれ想定する世帯・個人とその世帯・個人が保有しているであろう資産の内訳について、一〇八〜一〇九ページにまとめた。

〈例❶〉資産総額　五〇〇〇万円
〈例❷〉資産総額　二〇〇〇〇万円
〈例❸〉資産総額　五〇〇〇〇万円
〈例❹〉資産総額　二億円
〈例❺〉資産総額　二〇億円
〈例❻〉資産総額　五〇億円

シミュレーションに当たっての前提条件は、一〇七ページの図にまとめた通りである。要点をざっと言うと、それぞれの世帯・個人は国家破産対策をして

資産規模別のシミュレーション――計算の前提条件

1. 各世帯とも、基本的に国家破産対策などの特別な対策は行なっておらず、徳政令の影響を直接受ける

2. 財産税率は戦後の財産税と同じ内容とする

3. 金《きん》は業者預けの場合実勢の4割で強制決済

4. 外貨建て資産も同じく4割で強制決済

5. 不動産はインフレに強いとされるが、日本円の減価を考慮して8割程度の評価

6. 財産税は、現金が難しい場合物納も可能とし、売却差額を現金で受け取れるものとする

7. 徳政令と前後して高インフレが到来し、物価が30倍になると想定（つまり通貨価値は30分の1）

8. 株式はインフレにある程度追随するが、インフレ率以上の上昇率にはならず、およそ15倍（実質的には将来価値が現在の2分の1）と想定

想定する世帯・個人と資産内訳

資産総額	想定する世帯・個人	資産内訳
〈例❹〉 2億円	金融関係者、医師や士業などの高額所得者層を想定。	■預貯金：8000万円 ■不動産：5000万円 ■金（業者預け） ：3000万円 ■株式：2000万円 ■外貨建て資産 （外貨預金、外国株等） ：2000万円
〈例❺〉 20億円	例として、先祖から財産を引き継いだ資産家を想定。不動産割合が相対的に多く、また預貯金割合も多い点が特徴。	■預貯金：5億円 ■不動産：10億円 ■金（業者預け）：1億円 ■株式：3億円 ■外貨建て資産 ：1億円 （外貨預金、外国株等）
〈例❻〉 50億円	会社経営者として成功し、十分な資産を形成している資産家を想定。不動産のほか、自社株で資産を保有、美術品などへの造詣も深い。	■預貯金：10億円 ■不動産：15億円 ■自社株：15億円 ■金（業者預け）：1億円 ■株式：5億円 ■美術品：3億円 ■外貨建て資産 ：1億円 （外貨預金、外国株等）

資産規模別のシミュレーション

資産総額	想定する世帯・個人	資産内訳
〈例❶〉 500万円	平均的なサラリーマン家庭（または個人）。生活を切り詰めながら蓄えた資産を保有。	■預貯金：400万円 ■株式：100万円
〈例❷〉 2000万円	定年退職を控えた夫婦、あるいは共働きの「パワーカップル」など。	■預貯金：1500万円 ■金（業者預け）：200万円 ■株式：300万円
〈例❸〉 5000万円	優良な企業を定年退職し、貯蓄に退職金が加わった世帯を想定。 または、自営業者で堅実に蓄えを殖やしてきた世帯を想定。	■預貯金：3000万円 ■金（業者預け）：200万円 ■株式：300万円 ■不動産：1500万円

おらず、政府の「徳政令」の影響をそのまま受ける。財産税の税率は戦後のものが適用され、また金《きん》や外貨建て資産は四割に減価。さらにインフレによって、通貨価値は三〇分の一に減価するという想定だ。この前提で〈例❶〉～〈例❻〉の各資産層での保有資産がどうなるかを計算すると、結果は次のようになる。

〈例❶〉資産総額　五〇〇万円　→　徳政令後　資産六三万円

財産税はかからないが、資産のほとんどがインフレで毀損《きそん》。保有していた株式が辛うじてインフレ対策となったが、実質的に資産は壊滅。

〈例❷〉資産総額　二〇〇〇万円　→　徳政令後　資産二八〇万円

こちらも財産税はかからないが、インフレで資産は「総崩れ」。財産税対象にならないからと油断すると、致命傷となる好例。

〈例❸〉資産総額　五〇〇〇万円　→　徳政令後　一五二〇万円

不動産の評価額によって、額面上は資産を残しているように見えるが、金融資産はわずか三二〇万円と壊滅的であり、これも事実上の「総崩れ」状態。

〈例❹〉資産総額　二億円　→　徳政令後　五五九五万円

この資産層になると、財産税が極めて大きな負担となる。納税対策を考えないと、最悪の場合税金で身動きが取れなくなる危険がある。また金融資産は、一〇分の一ほど（一五九五万円）に減少。

〈例❺〉資産総額二〇億円　→　徳政令後　一億三八四五万円

財産税で資産の四分の三が徴収される。資産内訳に従うと、金融資産では払いきれず、不動産の物納や株式の売却によって納付することとなる。金融資産が一億円強残るものの、資産家としては「没落」。

〈例❻〉資産総額五〇億円　→　徳政令後　二億一二万円

総資産の八割近くが財産税で徴収。不動産、会社、美術品も手放すこととなり、なかば「身ぐるみ剥《は》がされた」ような状態。この規模の資産家層にとって、徳政令の影響は極めて大きい。

実際には、「インフレによって通貨価値が三〇分の一に毀損している」という前提で計算しているため、額面上の資産残額はそれぞれこれを三〇倍したものとなる。このシミュレーション結果は、徳政令後の資産残額の現在価値としてとらえていただくのが適切だろう。

しかしながら、いずれにしても徳政令は、私たちの財産にこれほどまでの影響をおよぼすのである。なお、資産内訳と前提条件を元にしたそれぞれの計算内訳を一一三〜一一五ページの図にまとめているので、こちらも参考にしていただきたい。

いかがだっただろうか。いかに多くの資産を所有していたとしても、「徳政令」と「ハイパーインフレ」が来ればひとたまりもない、ということがよくおわかりいただけたのではないだろうか。資産額が財産税の対象にならない方の場合、「インフレ税」がすさまじい威力を発揮し、ほとんど財産が消滅するほどの影響を受ける。一方、数億を超える資産家の場合、財産税が極めて重くのしかかってくる。数十億の資産を持っている方、特に不動産など現金化がしづらい資産が大半という場合などは、そもそも税金が払えずに行き詰まるという危険もはらんでいる。インフレ対策と絡《から》めてよくよく対策しておかないと、あっと言う間に没落の憂き目に遭うことだろう。

資産規模別のシミュレーション〈その1〉

〈例①〉500万円

■財産税は非課税

■預貯金は、インフレによる減価（30分の1）により
400万円÷30≒13万円

■株式は、インフレによる減価と株価上昇（15倍）により
100万円÷30×15＝50万円

徳政令、インフレ後の総資産は
13万円＋50万円＝**63万円**

〈例②〉2000万円

■財産税は非課税

■預貯金は、インフレによる減価により
1500万円÷30＝50万円

■株式は、インフレによる減価と株価上昇により
300万円÷30×15＝150万円

■金は、強制決済（実勢の4割）により
200万円×40%＝80万円

徳政令、インフレ後の総資産は
50万円＋150万円＋80万円＝**280万円**

〈その2〉

〈例③〉5000万円

■財産税額は290万円　※預貯金より納付

■預貯金（納税後）は、インフレによる減価により
2710万円÷30≒90万円

■株式は、インフレによる減価と株価上昇により
300万円÷30×15＝150万円

■金は、強制決済により　200万円×40%＝80万円

■不動産は、8割程度の評価として
1500万円×0.8＝1200万円

徳政令、インフレ後の総資産は
90万円＋150万円＋80万円＋1200万円＝
1520万円（ただし金融資産は320万円）

〈例④〉2億円

■財産税額は8640万円
※金、外貨建て資産、株式を各々半分売却して納付（3500万円）、残額は預貯金から納付（5140万円）

■預貯金（納税後残額2860万円）は、インフレによる減価により　2860万円÷30≒95万円

■株式（残額1000万円）は、インフレによる減価と株価上昇により 1000万円÷30×15＝500万円

■外貨建て資産（残額1000万円）は、強制決済（実勢の4割）により　1000万円×40%＝400万円

■金（1500万円）残額は、強制決済により
1500万円×40%＝600万円

■不動産は、8割程度の評価として
5000万円×80%＝4000万円

徳政令、インフレ後の総資産は
95万円＋500万円＋400万円＋600万円＋4000万円＝
5595万円（ただし金融資産は1595万円）

〈その3〉

〈例⑤〉20億円

■財産税額は14億4640万円
※不動産を物納（10億円）、株式を2億円分売却して納付、残額は預貯金から納付（2億4640万円）

■預貯金（残額2億5360万円）は、インフレによる減価により　2億5360万円÷30≒845万円
■金は、強制決済により　1億円×40%＝4000万円
■株式（残額1億円）は、インフレによる減価と株価上昇により　1億円÷30×15＝5000万円
■外貨建て資産は、強制決済により　1億円×40%＝4000万円

徳政令、インフレ後の総資産は
845万円＋4000万円＋5000万円＋4000万円＝
1億3845万円（ただし不動産は所有なし）

〈例⑥〉50億円

■財産税額は39億9640万円
※不動産を物納（15億円）、自社株を売却（会社譲渡）して納付（15億円）、美術品を売却して納付（3億円）、株式を3億円売却して納付、残額を預貯金から納付（3億9640万円）

■預貯金（残額6億360万円）は、インフレによる減価により　6億360万円÷30≒2012万円
■金は、強制決済により　1億円×40%＝4000万円
■株式（残額2億円）は、インフレによる減価と株価上昇により　2億円÷30×15＝1億円
■外貨建て資産は、強制決済により　1億円×40%＝4000万円

徳政令、インフレ後の総資産は
2012万円＋4000万円＋1億円＋4000万円＝
2億12万円（ただし不動産所有なし、会社なし）

イザという時、国家は豹変する

国が、皆さんの財産を具体的にどの程度奪いに来るのかを、ここまで見てきた。読者の皆さんの多くは、その冷徹で過酷な現実に絶望感を覚えたかもしれない。あるいは、「本当に、国がそんなことまでやるものなのか?」と、いまだに信じられないという方もいるだろう。

しかし、政府は行き詰まれば必ず国民に牙を剥く。つい最近も元日銀関係者の方と膝詰めで話をする機会があったのだが、政府と日銀の内情をよく知るその方から衝撃的な告白を聞いた。その大まかな内容を紹介しよう。

■元日銀関係者からの証言

「日本の財政の現状は、今のところ問題ないと言うこともできるが、これは未来を保証するものではない。これほどの財政赤字を維持できた例はほとんどなく、何らかの問題が発生する確率は日に日に高まっていると認識すべき。

『権力による債務の踏み倒し』は、歴史的にも幾度も起きている。国家権力が崩壊するかどうかに関わらず、債務は踏み倒される。債務を踏み倒し、増税などで歳入を増やし、一方で行政サービスの縮小で歳出削減を行なえば、政府財政は健全になる。つまり、国家の視点でとらえれば『財政破綻』という事態は起きないとも言える。

日銀は、莫大な日本国債を買い進めているものの、破綻することはない。なぜなら、日銀は無制限にお札《さつ》を刷ることができるからだ。また、国も破綻することはない。なぜなら、日銀に無制限に国債を買わせることができるからだ。では、日本は破綻しないのか。否。つまり、これによって破綻するのは、国民生活である」

元日銀関係者も、このように認識しているのである。政府は昔から手を変え品を変え、時に名前も変えて借金の踏み倒しを実行してきた。今回、それをやらないという話はあり得ない。そして、政府債務の累積が行き着くところは、「国家の破産」なのだが、その実態は「国民の破産」であるということだ。

この認識はこの元日銀関係者だけのものではない。大方の日銀関係者や財務省関係者、特に中枢にいた人たちほど、そうした認識を持っている。彼らは、自らの考えを率直に口外することは決してない（言ったところで何も変わらないどころか、いらぬ誹りを受けるため）が、本音を聞けばほとんどの人が「この国の財政は終わっていますよ」と答える。

そもそも、多くの国民が「国の借金」という言葉のせいで誤解しているのだが、中世の王侯貴族や大名・御家人たちとは異なり、現代の国家はお金を持っているわけではない。基本的に、国家は国民や企業から税を徴収し、これを行政サービスとして再分配しているだけである。もちろんバランスシート上には余剰資産などがあるわけだが、「徳川埋蔵金」のように国が財産を隠し持っているのではない。

そして、必要な行政サービスを行なうためには原資が必要となるわけだが、通常税金で賄うべきところを借金でやっているというのは、言ってみれば「税金を前借り」して、国家を回しているということだ。本来徴収すべき税金を徴収せず、行政サービスだけ前倒し提供しているようなものなのだから、いずれ政府の資金繰りが行き詰まれば、前借り分を帳尻合わせするのが道理となる。つまり、〝国民から資産を徴収する〟ということだ。

生き残りたければ「自分が動く」しかない！

平時であれば最も信頼すべき国家が、豹変して牙を剥くのがこれからの時代である。そうした事態になるのを避けるために、本来なら財政規律を厳しく正し、国民も一致団結して覚悟を決め、痛みを受け入れつつこの難局を乗り切らなければならない。

しかし残念なことに、そうした厳しい意思決定を下し国民を主導すべき政治家たちは、次の選挙を勝てれば何でもよいとばかりに民衆受けするばら撒きに執着している。警鐘を鳴らすべき官僚たちも、「政治主導」の下、政治家からの圧力に負けて唯々諾々《いいだくだく》とばら撒きに加担させられている。実に情けない話だが、そういう政治家を選び、そういう政策に進ませているのは、ほかならぬ国民だ。ばら撒きばかりの情けない政治家たちが闊歩《かっぽ》するこの状況とは、つまりは日本国民の民度の表れである。政治家たちや官僚たちは、「乞食のようにただ欲しがる国民」に対して、望み通りカネを配っているだけなのだ。

その行き着く先に、国家破産＝国民破産が待ち受けているとしても、それは自業自得と言うべきもので、甘んじて受けるほかない。

ただ、そうした現状を、誰もが甘んじて受けるしかないかと言えば、実はそうではない。国家破産とは、大多数の国民に直撃する甚大な経済災害だが、やりようによってはその影響を減らしたり、回避したりすることができる。大地震や大津波などの天災も、来ることがわかって適切な対処をすれば、被災せずにすむのと同じである。さらに言えば、国家破産の場合はその状況を〝逆手に取る〟ことすらできない話ではない。「資産家は恐慌時に生まれる」とよく言うが、国家破産時にも同様のことが起きるためだ。

何もせず、座して「国民破産」の大災害と運命を共にするのか。はたまた生き残りの方策を模索し実践して「国民破産」から逃れる道を選ぶか。その決断を下すのは、皆さん一人ひとりである。そしてその決断は、早ければ早い方がいい。私たちに残された時間は少なく、少しでも対策に時間を割くべきだから。

いよいよ次章では、「国民破産」を回避し、あなたが生き残るための秘策を具体的に見て行く。ぜひともしっかり読み進めていただき、すぐに資産防衛に取りかかっていただきたい。

第六章　あなたが生き残るための秘策

日本は「穏やかな衰退」では済まない。危機が来てからでは遅い。

菅野雅明（元ＪＰモルガン証券チーフエコノミスト）

最重要ポイントは「資産を外貨建てで持つ」こと

本シリーズ『国家破産ではなく国民破産だ！』の上巻および下巻を通じて、国家が破産するとどのようなことが起きるのかを見てきた。日本の財政は絶望的に悪化しており、国家破産の回避は〝ほぼ不可能〟という状況だ。

そのような中で、私たち国民はこのまま国家破産の渦《うず》に飲み込まれて行くしかないのだろうか。いや、必ずしもそうではない。確かに破産した国々において多くの人が厳しい生活を強いられたのは事実だが、そのような中にあっても適切な手を打つことで「国民破産」を回避した人は存在する。

それどころか、危機を逆手に取って自分の財産を大きく殖やした人もいるのだ。そう、危機はチャンスにもなるのだ。

そこで本章では、国家破産を生き残り、国民破産を回避する具体的な方法について、じっくり解説したい。

国家が破産するとその国の通貨は信用を失い、ほとんどの場合、暴落する。日本における通貨、つまり円の価値が下落すると、為替市場では「円安」が進み「インフレ」という形で国民生活を圧迫する。

長らくデフレに悩まされた日本でも、新型コロナウイルスの感染拡大を機に数十年ぶりのインフレに直面している。物価が上がるということが家計にとってどれほど厳しいものか、身をもって実感した人が多いのではないか。ましてや国家破産に伴うインフレは、通常のインフレとはまったく異なる。インフレ率（一年間の物価上昇率）は、少なくとも二桁、最悪は三桁以上のハイパーインフレもあり得る。それが国民に与えるダメージはいかほどのものか。考えただけでもゾッとするだろう。

しかし、国家破産に伴うインフレへの対策は、いたってシンプルだ。円の価値が損なわれるのだから、円（円建て）以外、つまり外貨建てで資産を持てばよい。「資産を外貨建てで持つこと」こそが、国家破産対策の最重要ポイントになる。外貨の中でも圧倒的に信用力の高い、「米ドル建て」を中心に保有するのが基本になる。

車の購入を例に挙げよう。仮に、あなたが五〇〇〇万円の予算で車の購入を検討していたとする。その後、ハイパーインフレで物価は瞬く間に一〇倍になった。この車の価格は、五〇〇〇万円に値上がりする。予算五〇〇〇万円のあなたには到底手の届かない金額になってしまい、五〇〇〇万円では元々五〇〇万円程度の年式の古い中古車しか買えない。

ではこの時、あなたが五〇〇〇万円相当額を「外貨建て」で持っていたらどうだろう。為替レートが一ドル＝一〇〇円の時に五万ドル持っていれば、五〇〇〇万円に相当する。為替レートは、長期的には物価にある程度連動する。話をシンプルにするためアメリカの物価は変わらないとすると、日本の物価が一〇倍に高騰すれば為替レートは一ドル＝一〇〇〇円になる。その時の五万ドルを円換算すると、五〇〇〇万円になる。これで、五〇〇〇万円に値上がりした車を買うことができるわけだ。

このように、資産を米ドルをはじめとする外貨建てで保有しておけば、どれほどひどいハイパーインフレ（つまり円の暴落）が起きても資産は保全できる。

ところが、実は多くの日本人は外貨建て資産を保有していない。現在、日本の個人金融資産は約二〇〇〇兆円あるが、そのうち外貨建て資産の割合はわずか数％程度に過ぎない。つまり、九割以上は「円資産」ということだ。

日本人が外貨建て資産をほとんど持たないのは、日本人は全般的にリスクや損失を極端に避ける傾向があるからだと言われる。外貨建て資産の保有には、為替変動リスクが伴う。投資した時点よりも円安になれば為替差益が得られるが、逆に円高になると為替差損を被る。米ドル預金をしてせっかく利息が得られても、円高が進んで大きな為替差損が発生し、トータルでは元本割れというケースも珍しくない。それならそんなギャンブルには手を出さないで、利息はごくわずかでも円預金にしておく方が安全確実、と考える人が圧倒的に多いということだろう。

しかし実はインフレ、とりわけ国家破産に伴うハイパーインフレという状況を考えれば、資産のほとんどを円資産で保有することこそ最も危険なギャンブルとなる。円資産に極端に偏《かたよ》った状態のままハイパーインフレに突入すれば、資産価値は激減する。先の車の例で言えば、五〇〇〇万円持っていても実質的な価値は五〇万円になってしまうわけだ。現在、日本人の個人資産は非常に危うい状態にあると言える。

国家破産時、国内銀行の外貨預金は〝かなり危険〟

一口に「外貨建て資産」と言っても、多くの種類がある。多くの人が真っ先にイメージするのは「外貨預金」だろう。銀行で米ドルをはじめ、ユーロ、豪ドル、ニュージーランドドルなどの外貨で預金ができる。他にも外国株、外国債券、外貨建ての投資信託、海外の不動産など、様々な外貨建て資産がある。

金《きん》（ゴールド）やダイヤモンドなども実質的に外貨建て資産と言ってよい。日本国内では円建てで売買されるが、その価格は米ドル建ての国際価格をベースに決定される。事実、金《きん》にしろダイヤにしろ、為替が円安になると国内の円建て価格は上昇するし、逆に円高になると円建て価格は下落する。基本的にハイパーインフレ対策ということなら、外貨建て資産であればなんでもよい。しかし、真に有効な国家破産対策となると、資産をただ外貨建てにするだけでは十分とは言えない。せっかく外貨建てにしたのに、結局財産を失うということになりかねないのだ。どういうことか？　最もポピュラーな外貨建て資産である「外貨預金」を例に説明しよう。

日本国内の銀行で、米ドルやユーロなどの外貨預金を行なうのはかなり危険な行為だ。国家破産の際には、金融危機を伴うことが多い。つまり、銀行の経営が傾くということだ。破綻する銀行も出て来るだろう。銀行の破綻に備え、多くの国が「預金保険制度」を設けている。日本にもあり、一〇〇〇万円とその利息を上限に預金が保護される。ただし、ほとんどの国の預金保険制度は、自国通貨のみを対象とする。日本でも預金保護の対象になるのは円預金のみで、外貨預金は対象外だ。銀行が破綻した場合、外貨預金についてはまったく戻って来なかったとしても文句は言えない。財務基盤の脆弱な銀行で外貨預金を行なうのは、〝自殺行為〟と考えるべきだ。

では、メガバンクなど相対的に財務健全性や信用力の高い銀行ならＯＫか？答えはノーだ。国家破産を前提としない平時であればよいが、国家破産対策としてはまったくお勧めできない選択だ。国内の金融機関はその国の管理下にあるから、国家破産などの有事の際には平時には考えられないような規制がかけられることがある。

その代表的なものが「預金封鎖」だ。敗戦翌年の昭和二一年に日本で実施された預金封鎖では、高額の預金には最高税率九〇％という過酷な財産税がかけられ、富裕層を中心に壊滅的な打撃を受けた。高額の資産を保有しない一般庶民も、無傷ではなかった。預金が封鎖されている間に進行したハイパーインフレにより、彼らの虎の子の預金も紙キレ同然と化した。

外貨預金なら、封鎖されている間にどれほどインフレが進もうが、通貨価値が失われる心配はないと思うかもしれない。しかし、残念ながらそう単純な話ではない。アルゼンチンでは、米ドル建ての預金を引き出す際、強制的にペソに換えるという信じがたい出来事が二〇〇二年に実際に起きている。ドゥアルデ大統領（当時）は就任時に、「預金は元の通貨で引き出し可能」と公約したが、三週間も経たずに撤回に追い込まれた。当時、市中の銀行の総預金残高の約七割が米ドル建てになっており、米ドル現金の引き出しは不可能になっていた。

アルゼンチンは自国通貨のペソならいくらでも発行できるが、米ドル紙幣を発行することは当然だができない。誰もが米ドルを求めれば、米ドルの在庫が底をつくのは当然の話だ。このようなことは、日本でも起こり得ると考えておく方がよい。あるいは米ドル預金を自国通貨に交換する際、相場よりも不利なレートでの交換を強制される可能性も考えられる。

国家破産時のリスク回避には「海外口座」が有効

このように、日本国内で外貨預金をしても、国家破産対策には不十分どころか、かえって対策が仇《あだ》になる可能性すらあるわけだ。

では、どうすればよいのか？　日本国内の外貨預金がダメなのだから、海外の銀行に円以外の預金をすればよい。お金自体を海外に出せば、日本のカントリーリスクを回避することができる。海外にある銀行に預金しておけば、基本的に自国の政府による法規制はおよばない。日本国政府は、日本国内の銀行に対して預金封鎖を命じることはできても、他国にある銀行預金を封鎖することなどまず不可能だからだ。

このように、海外銀行口座の利用は国家破産対策に非常に有効なわけだが、多くの日本人にとって海外銀行はまったくなじみのないものに違いない。

言うまでもないが、世界には非常に多くの銀行が存在しており、一体どの銀行を選べばよいのか、皆目見当が付かないという人がほとんどだろう。口座開設に伴う条件などもあり、海外口座利用のハードルは決して低くない。以前に比べると、かなり高額の最低預け入れ額が求められるなど、条件が厳しくなっている銀行が増えている。以前は日本国内から口座開設できる銀行もあったが、現在は本人が現地に行かなければ口座開設できない銀行がほとんどだ。そもそも、非居住者の口座開設が認められていない銀行も多い。世界に存在する数多くの銀行の中で、日本に住む日本人にとって実際に役に立つ海外口座となると、ごくわずかしかないのが現実だ。

海外銀行を選ぶ際に最も重視すべきは「安全性」だ。その国、その銀行が安全であるかが何よりも重要になる。破綻するような国や銀行に預けても意味がない。財産を危険にさらすだけだ。海外に口座を作るということは、日本のカントリーリスクから逃れられる代わりに、現地のカントリーリスクを取ることにもなるのだ。「海外だから安全」という単純なものではない。

銀行の健全性が高く、銀行が所在する国自体に十分な信用力があることは大前提として、多くの日本人にとっておそらく最も高いハードルは、「言葉の壁」だろう。日常会話レベルの英語なら問題ないという人でも、日本語対応のある銀行を選ぶことをお勧めする。日本の銀行と海外の銀行では、文化も違うしシステムも違う。私たち日本人の常識が通用しない場面も少なくないし、トラブルになることもある。そのようなトラブルが発生した時には、電話などでやり取りし、解決を図らなければならない。それを英語で行なう自信がないのなら、必ず日本語対応のある銀行を選ぶべきだ。

「口座開設後の使い勝手の良し悪し」も重要なポイントだ。口座開設はしたものの、その後の使い勝手が悪ければ利用価値は乏しい。海外口座において特に重要なのが、送金依頼などの手続きが日本国内から可能かどうかだ。これができないと、海外口座の利便性は著しく低下する。

たとえば、海外口座の預金を一部使おうと、日本にある自分名義の銀行口座に送金を依頼した場合、銀行によっては現地の支店に来ることを求められる。送金の度に海外渡航しなければならないのでは、使い勝手があまりにも悪過ぎる。送金依頼などの手続きは、日本国内からできる銀行を選ぶ必要がある。

「ネットバンキングを使えば問題ないのでは?」と思われるかもしれない。もちろん、海外銀行でもネットバンキングはいまや常識だ。しかし、そう単純な話ではない。海外口座では、非居住者はネットバンキングが利用できなかったり、利用できるサービスが限定されていることも珍しくない。ネットバンキングで送金できるとは限らないのだ。あるいは、現地居住者と同じ充実したネットバンキング機能が利用できる代わりに、あらゆる手続きをネット上で行なうことを求める銀行もある。日本語対応のある銀行であっても、ネットバンキングの対応言語はほとんどが〝英語〟だ。

海外口座には、このような落とし穴がいくつもある。海外口座を作る際には、使い勝手が良く、自分に合ったサービスが受けられる銀行を選ぶことが非常に大切になる。日本語対応があり、使い勝手の良い海外銀行を自力で見つけるのも不可能ではない。インターネット検索で比較的簡単に見つかるだろう。口座開設の体験談などの情報もあるから、ネットの情報は非常に参考になる。ただし、海外銀行の情報に限ったことではないが、ネットに掲載されている情報には古いものも多いし、そもそも情報に誤りがあることも珍しくない。誰でも情報発信ができる性質上、いい加減な情報があふれているのもネットの世界だ。ネットの情報を鵜呑みにして海外口座を開くのは、かなり危険な行為と言える。

銀行にもよるが、海外銀行の口座開設自体はそれほど難しいものではない。

むしろ、開設した口座を維持・管理して行く方がはるかに重要であり、十分注意を払う必要がある。安易な海外口座開設は禁物だ。無用なトラブルを避けるためにも、やはり海外口座の情報を豊富に持ち、信頼できる専門家のサポートを受けながら海外口座を開設するのが安心だ。

安全性が高く、日本語対応があり、日本に居住する日本人にも使い勝手の良い海外銀行は、主に三ヵ所ある。ニュージーランド、シンガポール、ハワイにある銀行だ。これら三つの国・地域の銀行について簡単に説明しよう。

六％に迫る高金利が魅力の「ニュージーランドの銀行」

私が最もお勧めする海外口座は、ニュージーランドだ。ニュージーランドの銀行の一番の魅力は預金金利の高さだ。ニュージーランドのある銀行では、一年満期の定期預金金利が五・八五％もある。日本国内の銀行で「ニュージーランドドル預金」をしても、ここまで高い金利はまず得られない。たとえば三井住友銀行のニュージーランドドル建ての定期預金（一年満期）の金利は、わずか〇・〇一％だ（いずれも、二〇二三年七月現在）。

私がニュージーランドの銀行をお勧めするのは、単に預金金利が高いからというだけではない。実はニュージーランドには、他の国にはない魅力、メリットがあるのだ。変化に富んだ豊かな自然に恵まれ、大気汚染もほとんどない。南半球にあるという地理的条件が、核戦争やテロなどの地政学リスクに対する安全性も高めている。ニュージーランドの銀行口座を利用することは、様々なリスクからあなたの資産を守るのに最善の条件を備えているのだ。

非常に魅力のあるニュージーランドの銀行だが、残念ながら二〇二二年一二月より日本居住者の口座開設はできなくなってしまった。ニュージーランドに限らず、最近はマネーロンダリング（資金洗浄。以下マネロン）に対する規制が世界的に強化されており、非居住者の口座開設はどんどん難しくなっている。

ニュージーランドでの口座開設はできなくなったが、シンガポールとハワイの口座開設はまだ可能だ。ただし、マネロンに対する規制強化の流れを考えると、シンガポールとハワイについても日本人による口座開設ができなくなる可能性はゼロとは言えない。口座開設を検討している方は、早めに動くのが賢明だろう。世の中というのは基本的に早い者勝ち、先手必勝なのだ。

金融商品のラインナップが豊富な「シンガポールの銀行」

シンガポールにも日本人が利用しやすい銀行がある。預入額が二〇万米ドル（約二九四〇万円）相当額以上とややハードルが高いが、口座を開設するとそれぞれの顧客に日本語対応可能な担当者が付く。日本との時差はわずか一時間で、銀行と連絡を取る際も便利だ。

預金できる通貨の種類が豊富なものも魅力だ。米ドル、ユーロ、日本円をはじめ、主要先進国通貨はほぼすべて揃っているため、口座内でも幅広い通貨分散が可能だ。また、預金以外でも様々な金融商品に投資できるのもこの銀行の魅力だ。日本の銀行では考えられないが、株式や債券、投資信託、さらにはヘッジファンドまで世界の様々な金融商品を扱っており、幅広い資産運用が可能だ。中には日本の金融機関ではお目にかかれない魅力的な金融商品もあり、利用価値が高い。

後述するが「ACファンド」や「MCファンド」といった、実績年率リターン一〇％以上で運用されている魅力的なファンドもこの銀行を通じて購入できる。

様々なニーズに対応できる「ハワイの銀行」

ハワイにも、日本人にとって便利で利用価値の高い銀行がある。お勧めできる銀行は二つあるが、どちらも日本人スタッフが複数在籍し、日本語対応が充実している。一行目は預入額が一〇万米ドル（約一四七〇万円）以上で個別に担当者が付き、様々な手続きや質問にも日本語で対応してくれる。

そして「一〇万米ドルはちょっとハードルが高い」という人も問題ない。もう一つの銀行では、数百米ドル（数万円）程度の少額から口座を開設できる。

少額の場合、担当者は付かないが、電子メールを使い日本語で対応してくれる専門部署があるため安心だ。

　非居住者の場合、利用できる通貨は米ドルのみで他の外貨預金はできないのはデメリットだが、ハワイの銀行口座にはそのデメリットを上回るメリットがある。その一つが「預金保険」だ。ハワイが属するアメリカの預金保険は非常に強力で、万が一の際に保護される金額は預金者一人につき二五万米ドル（約三六七五万円）と世界で最も充実している。

　日本と異なり、海外の銀行では共同名義口座を開設できる場合が多い。ハワイの銀行も、もちろん共同名義口座が可能だ。共同名義口座なら、保護される預金額が人数分増える。家族などと二人で共同名義口座を作れば、万が一銀行が破綻しても五〇万米ドル（約七三五〇万円）まで保護される。

　すでに述べたように、ほとんどの国の預金保険制度は外貨預金を対象外としている。保証の対象になるのは、日本の銀行であれば円預金のみ、シンガポールの銀行であればシンガポールドル預金のみ、というように自国通貨建ての預金のみだ。ハワイの銀行も当然、自国通貨の米ドル預金のみが保証の対象だ。通貨分散を考える際、中心になるのは基軸通貨の米ドルであり、米ドルの割合を最も多くするのが基本だ。つまり、ハワイの銀行なら基軸通貨の米ドル預金が預金保険の対象になるわけで、この点もハワイの銀行口座の大きなメリットと言える。

ハワイの銀行口座では米ドル預金しかできないが、ハワイの銀行の関連子会社にも口座を開設することで、株式や債券など様々な金融商品に投資することが可能だ。

「海外ファンド」なら、国内に居ながら在外資産が持てる

海外口座の利用は国家破産対策に極めて有効だが、誰でも手軽に口座を作れるわけではない。本人が現地に行かなければ口座開設できないのは人によってはネックになるだろう。そんな人には、「海外ファンドの利用」が一考だ。

私が主宰する会員制クラブ（「プラチナクラブ」「ロイヤル資産クラブ」「自分年金クラブ」）で情報提供している海外ファンドは、すべて日本国内に居ながら投資が可能だ。海外のファンド会社から申込書を取り寄せ、記入した申込書に本人確認書類などの必要書類を添付して返送する。投資資金は本人名義の銀行口座から海外送金する。これで海外に出向くことなく海外ファンドへの投資が完了する。これなら、たとえば仕事などで忙しく十分な時間が取れない人や、健康上の理由などで海外に渡航できないという人でも在外資産（海外にある資産）を保有することができる。海外口座開設が難しいという人は、海外ファンド投資を検討するとよい。

海外口座開設ができない人だけでなく、海外口座を開いている人も海外ファンド投資は検討した方がよい。海外口座は主に預金が中心になるため、期待できるリターンはせいぜい年率数％程度だ。「日本のゼロ金利を考えれば、数％でも十分」と考える人も少なくないと思うが、国家破産対策においてはそのような欲のない考え方が仇となる可能性が高い。海外口座は言わば〝守り〟の運用であり、国家破産のような非常時には〝攻め〟の運用も必要になる。

なぜ、〝攻め〟の運用が必要なのか？　最大の理由は税金だ。外貨建て資産を海外に保有していても、日本居住者は納税義務から逃れることはできない。国家破産時には、増税が行なわれるのが普通だ。ある程度の資産を持つ人にとって最も恐ろしいのが「財産税」だ。文字通り、財産を保有していることに対する課税だ。過去には、敗戦直後の日本で資産に応じた高率の財産税が導入された例がある。一〇万円（現在の四〇〇〇万円程度）超の資産が課税対象となり、税率は二五％から最大で九〇％に達した。仮に、資産額が二億円（当時の五〇万円）だとすると、資産額全体に対する税率は四三・二％となる。資産は半分近くに減ってしまうわけだ。

しかし、税金で資産が半分になったとしても、たとえば元の資産を倍増させることができれば資産価値を維持することはできる。年率一〇％で運用すれば約七年で、年率一五％なら約五年で資産は二倍になる。その時に、海外口座（預金）のような〝守り〟の運用だけでは、資産価値を維持することは難しい。

そこで求められるのが〝攻め〟の運用だ。海外ファンドなら、異なるタイプのファンドを上手く組み合わせることで、守りを固めながら資産を殖やすことが可能になる。「ファンド」とは、投資する資金の運用をプロに任せる金融商品で、日本でいう「投資信託」のようなものだ。表面的には、日本の投資信託と海外ファンドは同じようなものだが、その中身についてはかなり異なる。

残念ながら、日本の金融市場や資産運用の環境は、全体的に欧米に比べて劣っていると言わざるを得ない。「預金」「株式」「債券」「投資信託」など日本国内には多くの金融商品が存在し、資産運用の環境は成熟しているように思われるかもしれない。しかし、欧米を中心に海外を見渡すと、日本にはない独自のノウハウを活かした魅力的な金融商品が数多く存在する。

海外ファンドについても、日本国内で販売されている投資信託とは比較にならないほど多様なラインナップがある。上昇相場に強いファンド、下落相場に強いファンド、恐慌や金融危機に強いファンド、さらには市場に動きがなくても収益を上げられるファンドまで、様々なタイプのファンドが存在する。これらの異なるタイプのファンドを効果的に組み合わせることで、資産を守りつつ殖やすことが十分可能になる。

それらの海外ファンドのうち、何本かを取り上げて見よう。

国家破産対策――「QEファンド」

「QEファンド」はヘッジファンドの一種で、「グローバル・マクロ」という投資戦略を採用している。この戦略では、経済全体の動きを見ながら、世界各国の株式、債券、商品、通貨など幅広い対象に投資を行なう。

一般的にヘッジファンドの多くは先物などを使って買い建てに加えて売り建ても行なう。「買い建て」の場合、投資対象が値上がりすれば儲《もう》かり、値下がりすれば損失となる。逆に、「売り建て」の場合は値下がりすれば儲かり、値上がりすれば損失となる。売り建ても行なうことで、下落相場でも利益を上げることが可能になる。運用の自由度が増し、収益機会が多くなるわけだ。

「QEファンド」チャート

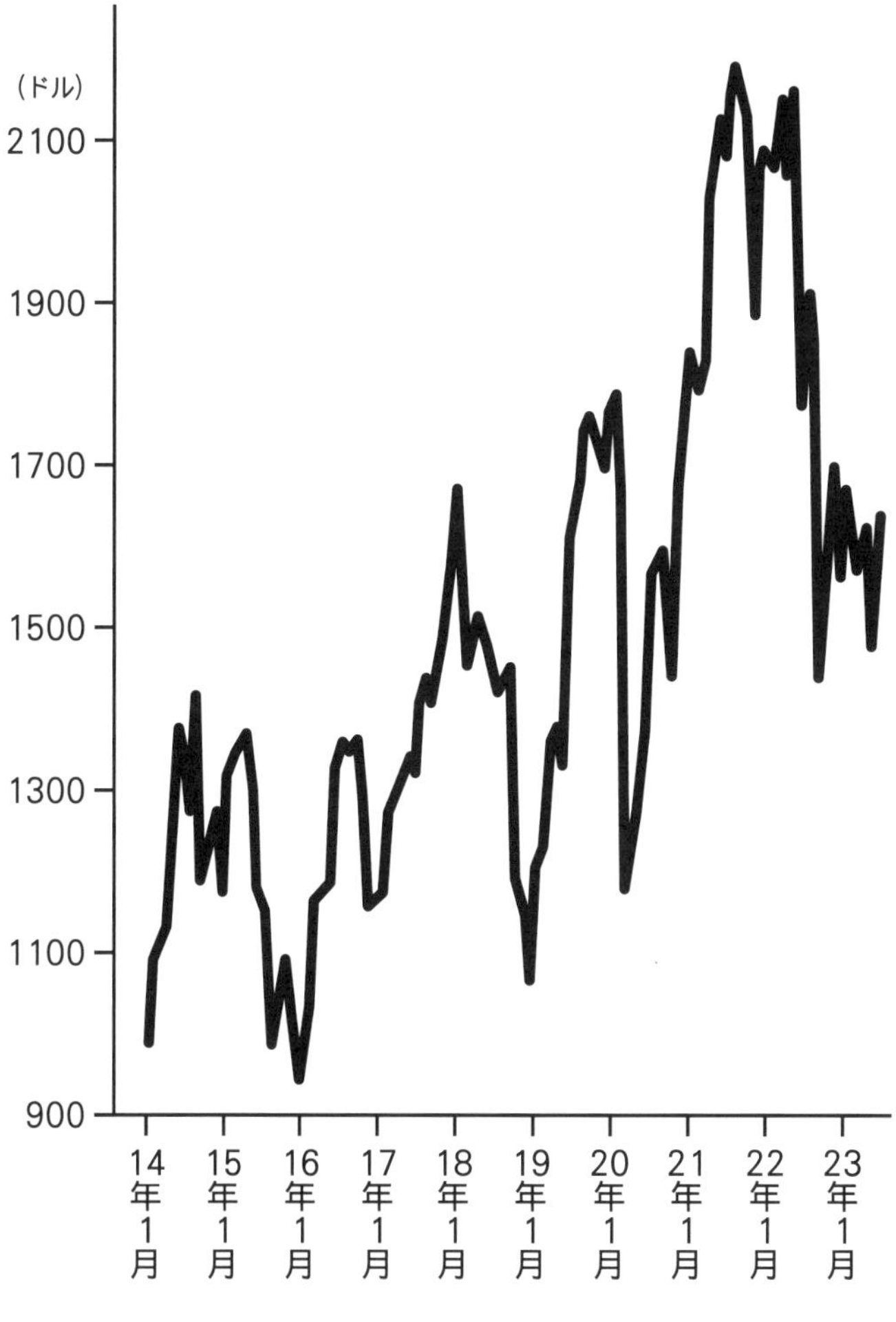
(ドル)
2100
1900
1700
1500
1300
1100
900
14年1月
15年1月
16年1月
17年1月
18年1月
19年1月
20年1月
21年1月
22年1月
23年1月

ところが、「QEファンド」は売り建てを行なわず、買い建てのみで運用される。投資対象が値上がりしなければ利益は得られず、下落相場では確実に損失を出す。「QEファンド」が買い建てに特化するのには理由がある。

実は、市場というものは長期的に見ると、株式をはじめ多くのものが値上がりしている。世界のGDP成長率の推移を見ればわかるが、多くの年でプラスになっており、それに比例して物価も上昇している。過去の恐慌や金融危機などはインパクトが非常に大きいため、私たちの心には暴落やデフレが強く印象に残りがちだが、資本主義の歴史は基本的にインフレの歴史であり、デフレが例外だ。そのため、長期的なインフレを前提として買い建てのみで運用される「QEファンド」の戦略は合理的と言えるのだ。

もちろん、いくらインフレ期が長いと言っても、市場はたびたび暴落に見舞われる。そのような時には「QEファンド」は大きな損失を出す。最近でも、コロナショックが発生した二〇二〇年二月から三月にかけての二ヵ月間で、三三・八%も下落している。しかし、その後は株式市場の回復に歩調を合わせるように同年四月から一二月までの九ヵ月間で約五五・五％上昇し、同年末には早々とコロナショック前の高値を更新した。

このように「QEファンド」は、株式市場が暴落するような危機には弱く大きく下落するものの、ほどなくして力強く回復し、順調に収益を上げてきた。運用が始まった二〇一四年一月から二〇二三年六月現在まで、六二・七％上昇している。比較的値動きが大きいファンドのため、自身の資産規模に照らして過大な投資は避けるべきだが、長期的な収益期待の高い魅力的なファンドだ。「QEファンド」には、一〇万米ドル（約一四七〇万円）から投資できる。

国家破産対策――「ATファンド」

「ATファンド」は、値動きが非常に安定しているファンドだ。なんと、これまで一度も下落したことがない。二〇一四年八月の運用開始以来、なんと九年近くもの間、毎月毎月、常にプラスの成績を出し続けているのだ。

このように長期にわたる連戦連勝という運用成績は、ヘッジファンドも含め、市場で売買する一般的な運用ではあり得ない。一般に市場環境は刻々と変化するから、株式や債券などの市場で売買を行なう以上、損失を出す場面は必ず訪れる。では、なぜ「ATファンド」はこれほど長期にわたり勝ち続けることができるのか？　それはこのファンドが株式や債券などの市場で売買を行なうファンドではないからだ。「ATファンド」は、主に個人や企業などへの融資を中心に運用される。融資だから、期日までに金利が上乗せされて資金が戻って来れば必ず収益が上がる。その結果、ファンドの運用成績も常にプラスになるというわけだ。

もちろん、融資したお金が回収できなければ損失になる。貸し倒れが増えれば、ファンドの成績がマイナスになることもあり得る。それを防ぐため、「ATファンド」では、与信審査にビッグデータを活用するなどして、適切な与信管理に努めている。「ATファンド」は、これまでアメリカの金利を上回る実績で、極めて安定的に毎年五〜六％程度のリターンを上げ続けている。

「ATファンド」チャート

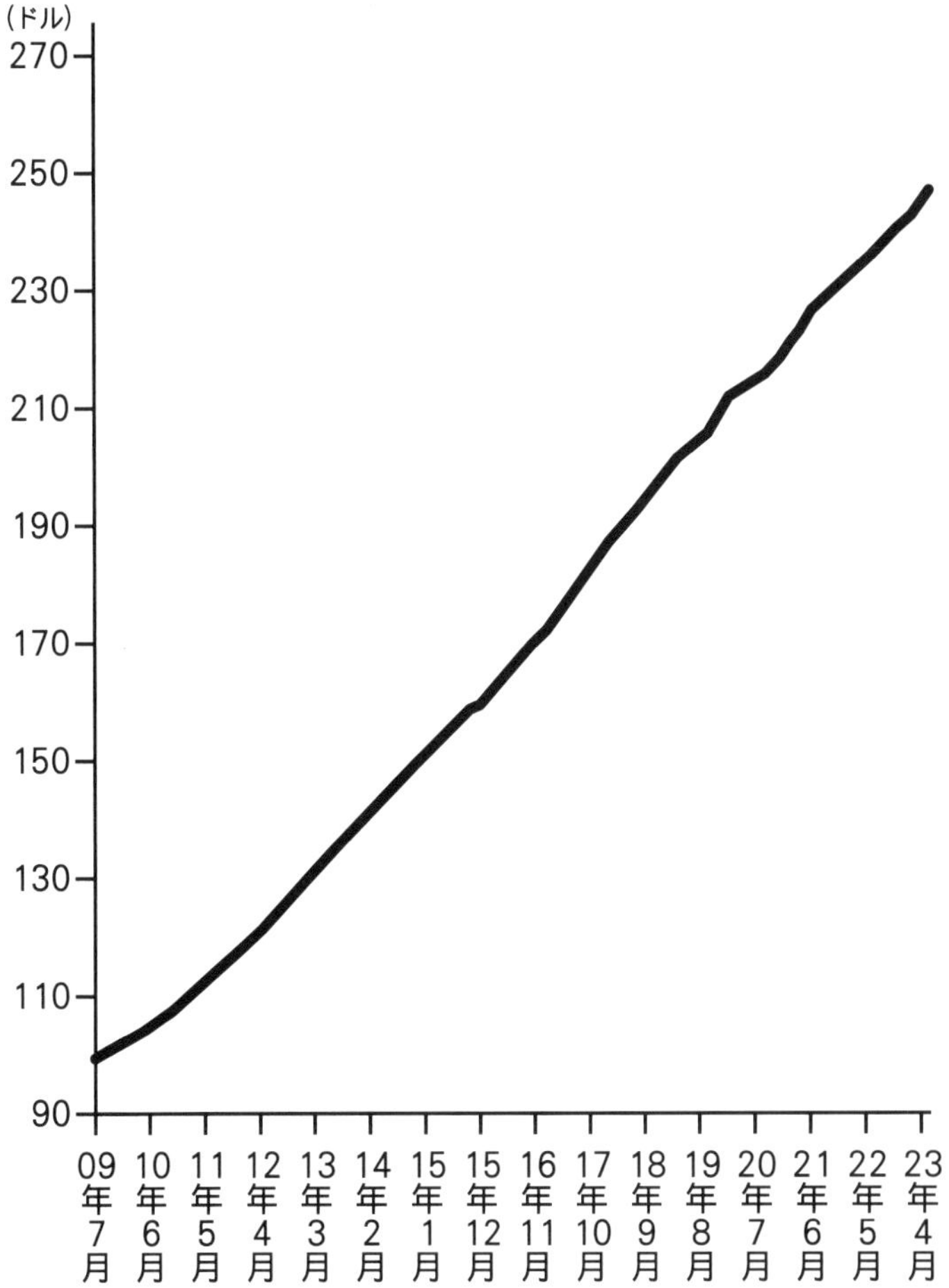
(ドル)
270
250
230
210
190
170
150
130
110
90
09年7月
10年6月
11年5月
12年4月
13年3月
14年2月
15年1月
15年12月
16年11月
17年10月
18年9月
19年8月
20年7月
21年6月
22年5月
23年4月

「ATファンド」は、元々はアフリカのマイクロファイナンス（個人向けの小口融資）で運用するファンドとしてスタートしたが、現在はマイクロファイナンスに留まらず、不動産関連の融資や農業従事者向けの融資、貿易におけるつなぎ融資など様々な融資を手がける。対象地域もイギリス、ヨーロッパ、オーストラリア、アメリカ、中国など幅広い地域に拡大し、リスク分散を図りつつ、安定的なリターンの継続に努めている。「ATファンド」には、二万五〇〇〇米ドル（約三五八万円）から投資可能だ。

国家破産対策――「Tファンド」

「Tファンド」は、株、債券、通貨、商品、金利などの様々な先物を投資対象として、利益を上げることを目指す「マネージド・フューチャーズ戦略（MF戦略）」で運用されるファンドだ。「QEファンド」と違い、「Tファンド」は買い建てでも売り建てでも行なう。そのため、上昇相場だけでなく下落相場でも利益

「Tファンド」チャート

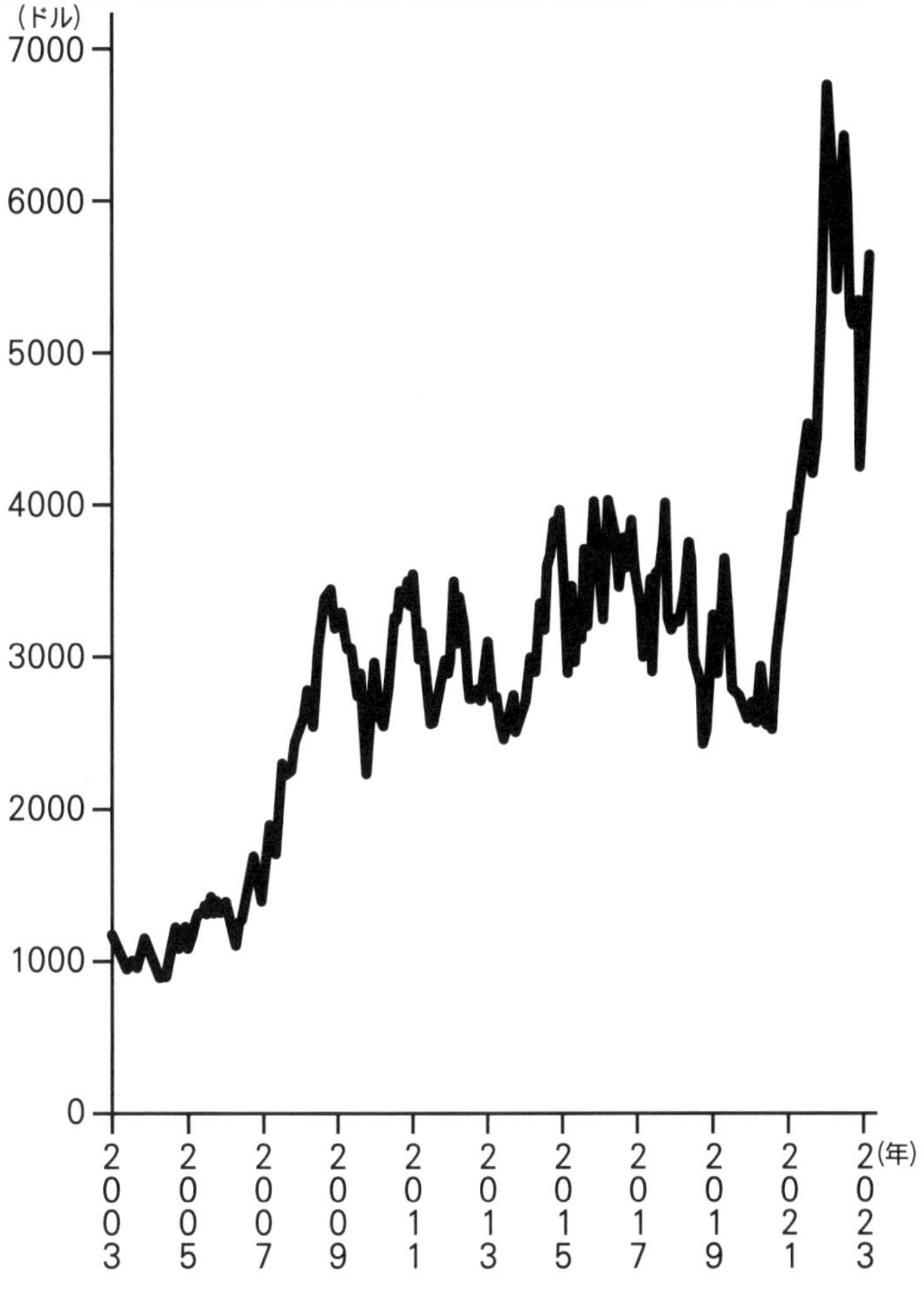
(ドル)
7000
6000
5000
4000
3000
2000
1000
0
2003
2005
2007
2009
2011
2013
2015
2017
2019
2021
2023
(年)

を上げることが可能だ。

予測をせず、上昇しているものは買い進め、下落しているものは売り進めて行く「トレンドフォロー」という手法を取る。そのため、上昇・下落に関わらず明確なトレンドが出る局面には強い。暴落時に利益を上げることも多く、リーマン・ショックがあった二〇〇八年の年間成績は五〇・八七%に達した。

逆に、上昇を続けていたものが下落に転じたり、あるいは下落を続けていたものが上昇に転じるというように、トレンドが反転する時には損失を出す。上昇、または下落の明確なトレンドがない市場環境も得意ではない。「Tファンド」はコンピュータプログラムにより運用され、このような苦手な局面ではプログラムが確実に損切りを実行し、損失の拡大を防ぐ。

リーマン・ショック以降は一進一退の展開が続いたが、ここ数年は良好な成績を残している。「Tファンド」の年間成績は、二〇二〇年がプラス九・六%、二〇二一年がプラス三九・九%、二〇二二年がプラス二三・一%となっている。二〇二三年も六月までで九・一%の収益を上げている。

「Tファンド」とほぼ同じ手法で運用され、リスク（値動きの大きさ）を「Tファンド」の半分程度に抑えた「T‐ミニ」というファンドもある。リスクを抑えた分、リターンも「Tファンド」の半分程度に落ちるが、「Tファンド」に比べると値動きの小さい安定的な運用が期待できる。最低投資額は「Tファンド」が一〇万米ドル相当額、「T‐ミニ」は一万米ドル相当額となっている。通貨建ての選択肢も豊富で、米ドル、ユーロ、スイスフラン、日本円、英ポンド、豪ドルの各通貨建てで投資可能だ。

国家破産対策――「ACファンド」「MCファンド」

海外ファンドの場合、配当や分配金を出さないものが多いが、「ACファンド」と「MCファンド」はいずれも高い配当金を出す少々異色のファンドだ。年間配当金を株価で割った配当利回りは、「ACファンド」が八～一〇％程度、「MCファンド」が六～八％程度で推移している。

本書を執筆している二〇二三年七月時点で、株価自体も両ファンド共に運用開始時点を上回っているため、株価の売買差損益と配当収入を合わせたトータルリターンも非常に高くなっている。配当を再投資した場合の年率リターンは「ACファンド」が約一二％、「MCファンド」が約一六％となっている。運用開始時点から投資していた場合、「ACファンド」は一九年弱で元本が約九倍、「MCファンド」は一六年弱で元本が約一〇倍に殖えている。両ファンドとも主に中堅企業を対象に投融資を行ない、そこから得られる利息や配当を収益源とする。

実は「ACファンド」と「MCファンド」は特殊なスキームで運用されているため、所在国における税優遇を受けている。そのため、融資対象の信用リスクの割に得られるリターンが高くなっているのだ。

「ACファンド」「MCファンド」とも、一般的な金融株と同様、市場の暴落や金融危機には非常に弱い。株式市場の暴落時には、驚くほどの暴落を見せる。リーマン・ショックの際も、両ファンドとも大暴落した。特に「ACファンド」

の下落は大きく、当時の最高値からの最大下落率は実に八五％に達した。つまり、株価がほぼ七分の一になったということだ。

しかし、「ＡＣファンド」と「ＭＣファンド」が真価を発揮するのは、このような大暴落の後だ。高水準の配当と株価の回復により、当時の最高値から五年後には株価と配当を合計したトータルリターンはプラスになっている。

つまり、こういうことだ。当時の最高値つまり最悪のタイミングで全額投資して大暴落に巻き込まれたとしても、最長でも五年後には損失は解消され、プラスに転じた。別の言い方をするなら、両ファンドとも数年以上保有を続けた場合、損失になったケースは過去に一度もないということだ。

両ファンドとも米ドル建てで、数十ドル（数千円）程度の少額から投資できる。いずれも株式市場に上場しているため、世界中の金融機関から投資できる。前述のシンガポールの銀行口座からも投資可能だ。また、日本国内でも一部の金融機関で投資することができる。

「ACファンド」チャート

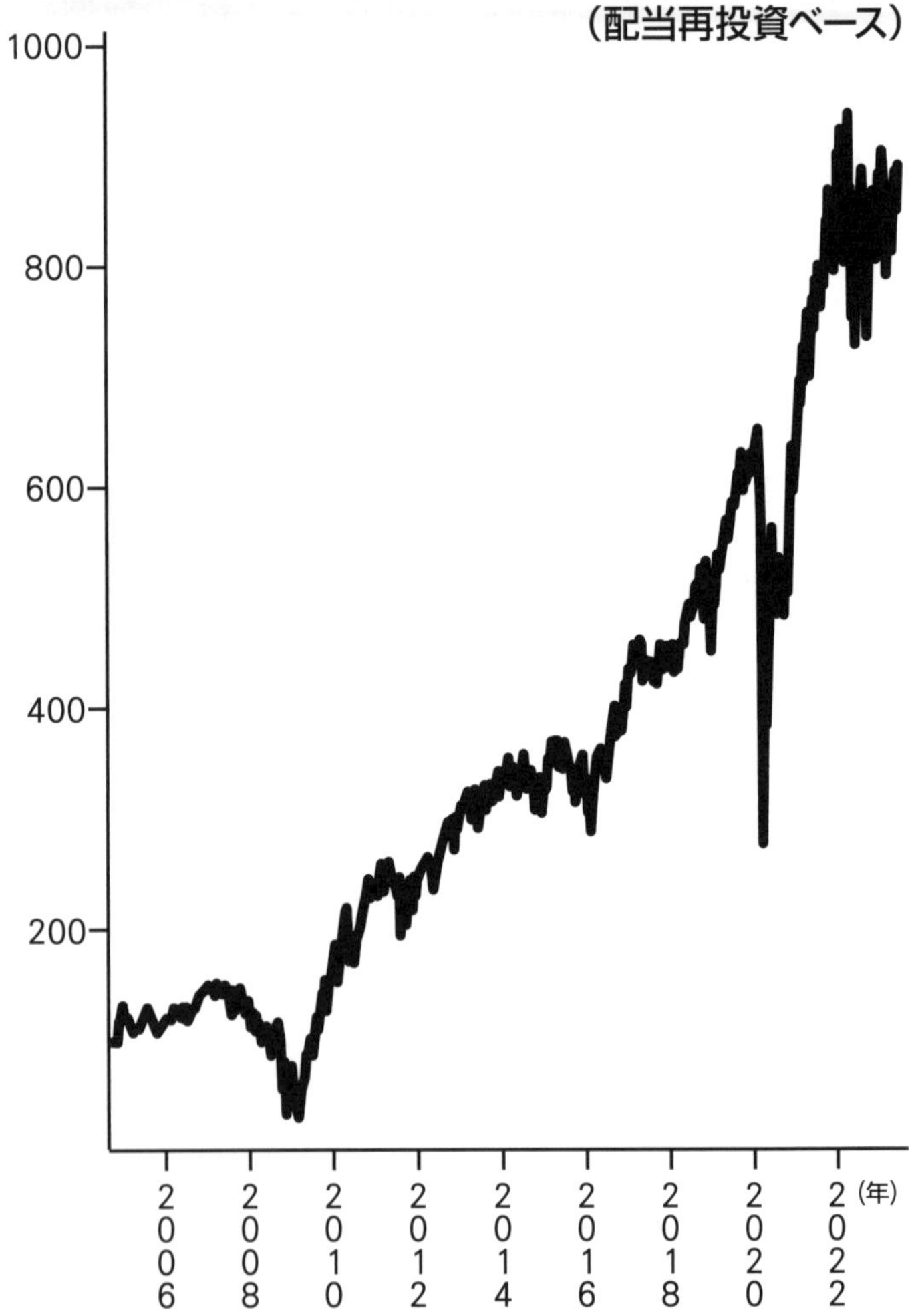

(配当再投資ベース)
1000
800
600
400
200
2006
2008
2010
2012
2014
2016
2018
2020
2022
(年)

「MCファンド」チャート

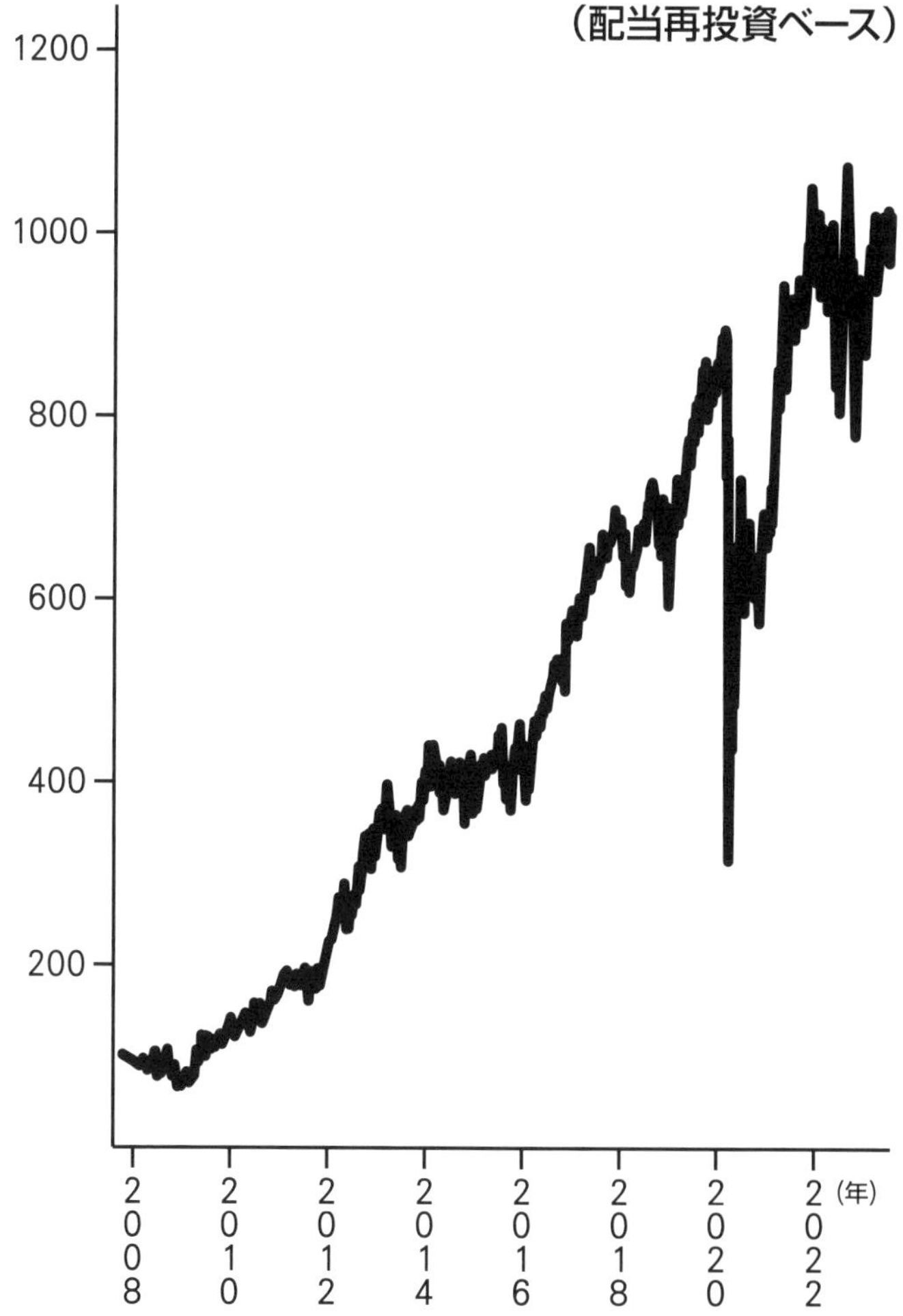
（配当再投資ベース）
1200
1000
800
600
400
200
2008
2010
2012
2014
2016
2018
2020
2022
（年）

「国内でできる国家破産対策」も重要

述べてきたように、国家破産対策については「外貨建て資産を海外に保有すること」が極めて重要になるわけで、「海外口座」や「海外ファンド」などを活用することが非常に有効だ。

ただし、実はそれだけでは国家破産対策は万全とは言えない。資産は安全な海外に出した。では、いざ国家破産となった時、海外にある資産をどのように利用すればよいのか？　お金が必要になった時点で、海外口座の預金の一部を手元に戻すか、海外ファンドを一部解約してその現金を手元に戻す、というのがごく一般的な方法だ。

もちろん、平時ならそれで問題ない。しかし、国家破産という有事においては、その方法はまったく現実的ではない。海外口座の預金や海外ファンドの解約金を手元に戻すため、日本の銀行口座への送金を依頼したとしよう。その時、国内で預金封鎖が実施されたらどうなるか？　もはや言うまでもないだろう。国家破産の混乱時に海外の資産を国内に戻す行為は、まさに「飛んで火に入る夏の虫」であり、自殺行為に等しい。

国家破産時に、海外にある資産を国内で利用しようという発想自体に無理があるということだ。「それでは国家破産対策にならないではないか」と思われるかもしれないが、決してそんなことはない。国家破産により危険な状態に陥った日本から安全な海外に財産を避難させたという点で、大いに意味がある。

国家破産に陥ったとしても、永遠に破産状態が続くわけではないし、国家破産時も混乱がひどい時期と比較的安定している時期というように波がある。海外の資産は、「国が破産状態から脱した後、あるいは破産状態の中でも比較的安定している時期」に利用すべきものだ。

このように、国家破産の混乱時に海外に出した資産を使うことは難しいため、「国内でできる国家破産対策」も非常に重要になる。

国内で準備すべき国家破産対策①——米ドル現金

まず、準備すべきは「現金」だ。手元に現金を用意しておくことだ。通貨はもちろん、基軸通貨である「米ドル」だ。「米ドルの現金」さえあれば、ハイパーインフレになって円相場が一ドル＝何百円、何千円に暴落しても十分生活できるだろう。買い物など、その都度必要な分だけ円に両替して使えばよい。

時々、「混乱時に米ドルの現金を簡単に円に両替できるのか？」と質問する人がいるが、まず心配いらない。考えてもみてほしい。暴落して価値を失う円と、安定的に価値を維持する米ドル。人々はどちらを求めるだろう。当然、米ドルだ。だから、国家破産のような混乱時だからこそ、米ドルの需要は劇的に高まるはずだ。円は毛嫌いされ、誰もが米ドルを求める。米ドルが圧倒的優位な状況になり、米ドルを持っていればそれを円に換えるのはたやすい。逆に、手持ちの円を米ドルに換えるのは、不利になる可能性が高い。

米ドルと円との極端な需要の差は、両通貨の交換レートすなわち「為替レート」に如実に現われることになる。破産した国では、公式の為替レートのほかに〝闇レート〟が存在するのが普通だ。

たとえば、ハイパーインフレで円が極度に減価し、公式の為替レートが一ドル＝一〇〇〇円になったとする。その時、町中では一ドル＝一二〇〇円で取引されるといったことが起きる。これが闇レートで、当然これが実勢レートになる。両者の差は、需要過多による米ドルのプレミアムとも言えるだろう。米ドルを持つ人は、一ドル出せば本来なら一〇〇〇円と交換できるところを一二〇〇円と、二割も多く円を入手できるわけだ。逆に円しか持たない人は、一ドルを入手するのに本来なら一〇〇〇円出せば交換できるところを一二〇〇円と、二割も多く要求されるわけだ。

さらに、自国通貨の信用が完全に崩壊した国では、国内で米ドルが使われる「米ドル化」が進む。公式の法定通貨はあくまでも日本円だが、インフレすなわち円の減価がひど過ぎて使いものにならず、国内でも本格的に米ドルが流通し、実際の商取引では米ドルが使われるという状態だ。買い物の際に円を使おうとすると露骨に顔をしかめられ、中には公然と「日本円お断り」の貼り紙が貼られる店も増えるだろう。この時点では、すべての国民の財布の中には米ドル紙幣があるはずだ。しかし、ハイパーインフレになる前にあらかじめ米ドルを準備していた人とハイパーインフレ後に米ドルに換えた人との経済格差は、とてつもないものになっているに違いない。

ハイパーインフレに歯止めがかからずとことんまで行き着くと、政府も自国通貨を放棄せざるを得なくなり、やがて廃止される。何百万円積もうが、何千万円積もうが、実質的には一円の価値にも満たず、何も買えなくなるような状態だ。自国通貨は紙キレ同然となる。いや、紙キレ以下と言った方がよいかもしれない。というのも、そこまで行くと紙幣の額面、つまり通貨価値よりも紙そのもののモノとしての価値の方がはるかに高くなっているに違いないからだ。

かつての（といっても、つい一〇年ほど前の話だが）ジンバブエがそうだ。壮絶なハイパーインフレの末、公務員の給料が米ドルで支払われるようになり、ジンバブエドルは正式に廃止され、米ドルをはじめとする外貨が法定通貨として認められた。さすがに日本ではそこまでの状況に至るとは思えない（「思いたい」と言った方が適切か？）が、米ドル現金をあらかじめ用意できるかどうかが生き残りの鍵を握るのは間違いない。

米ドル現金を調達するには、手持ちの円を外貨両替する必要がある。外貨両替と聞くと、銀行を思い浮かべる人も多いかもしれない。しかし、実は今、外貨両替を行なう銀行は非常に少なくなっている。メガバンク三行も全滅だ。いずれもこの二、三年で外貨両替業務を終了している。ほかにも、ゆうちょ銀行や地銀など〝外貨両替の取り扱い終了〟の発表が相次いでいる。国際的な「マネロン対策強化の圧力の高まり」が背景にあると考えられる。

実は、日本は各国のマネロン対策をチェックする国際機関から「マネロン対策に甘い国」というレッテルを貼られているのだ。

これに関連するが、海外送金に対する規制も強まっている。ここ数年、国内の多くの銀行が海外送金の取り扱いを縮小、あるいは中止しているのだ。特に、最近では地銀など地域金融機関において、海外送金業務の縮小あるいは中止の発表が相次ぐ。あるいは、海外送金業務自体は取り扱っていても、個別の送金依頼について断られるケースが頻発している。この動きの背景にも、国際的なマネロン対策強化の流れがある。本書を執筆している二〇二三年七月現在、海外送金をほぼ確実に受け付ける国内銀行は、わずか二、三行しかない。

国家が破産すれば、キャピタルフライト（海外への資産逃避）を防ぐため、政府は海外送金に制限をかけるのが普通だ。その点を踏まえると、やはりなるべく海外口座は開設しておく方がよい。海外口座があれば、日本国内で預金が封鎖されたり海外送金が制限されたとしても、その海外口座を拠点に自由に資金移動ができる。海外ファンドへの送金やファンド解約金の受け取りも、海外口座で可能だ。

話を米ドル現金に戻そう。確かに銀行での外貨両替は難しくなったが、米ドル現金の入手方法はほかにいくらでもあるから心配ない。空港などの両替所もあるし、大手の金券ショップなどでも入手できる。また、最近では都市部を中心に外貨の両替を専門に扱う業者も増えている。両替コストは業者によりかなりばらつきがあるが、適用される為替レートの上乗せは片道一・五～二・五円程度と低コストで両替できる業者が多いようだ。店舗にて両替し、現金を受け取る来店型の業者と、インターネットなどで申込み、現金を自宅などに送ってもらう宅配型の業者がある。来店、宅配の両方に対応している業者もある。ネット検索などで、近隣の業者を探すのもよいだろう。

ちなみに、国内の多くの銀行が外貨両替業務を終了する中、ある銀行では極めて有利に外貨両替が可能だ。条件を満たせば、手数料無料で米ドル現金を入手できる。私が主宰する会員制クラブでは、このように非常にお得な情報も提供している。

金種については一〇〇ドル札ばかりではなく、一ドル札、二ドル札、一〇ドル札、二〇ドル札などの小額紙幣を十分用意しておくべきだ。仮に、日本国内で米ドルが広く流通したとしても、国内で米ドルを発券できない以上、紙幣や硬貨が不足し、釣銭が満足に出ない状況も考えられるからだ。

また、米ドルの流通が本格化するまでには、多少の時間がかかると考えられる。そのため、日本円の現金も一部必要だ。現金については紛失や盗難、災害などの保管上のリスクに十分注意する必要があるが、「米ドル現金」は少なくとも生活費の半年分、できれば一年分を用意しておきたい。「円の現金」は、生活費の数ヵ月分程度あるとよいだろう。

国内で準備すべき国家破産対策②――金《きん》（ゴールド）

もう一つ、国内でできる代表的な国家破産対策手段が金《きん》（ゴールド）の保有だ。インフレに強く、戦争の勃発や株の暴落といった危機の際にも資産の逃避先として古くから利用されてきた。国家破産のような有事の際も、その価値は大いに高まると考えられる。

金《きん》は国際商品であり、実質的に外貨建て資産と言えるため、ハイパーインフレ（超円安）時には、日本国内の円建て金《きん》価格は相当な値上がりが期待できる。金《きん》の保有は資産防衛の王道であり、金《きん》は必ず保有しておきたい。

国家破産対策において、金《きん》保有のメリットは大きいのだが、リスクにも十分注意を払う必要がある。最大のリスクが、国家による「没収リスク」だ。平時には到底考えられないことだが、歴史を振り返ると様々な国で金《きん》の供出や没収が行なわれてきた事実がある。

世界恐慌最中の一九三三年には、アメリカで個人や企業による金《きん》保有が禁止された。そして、すでに保有している金《きん》については不利な価格で強制的に没収されたのだ。金《きん》の没収は、日本でも行なわれている。敗戦後、政府、日銀、民間企業、個人が保有する金《きん》、銀、白金などの貴金属が進駐米軍により接収されている。このような金《きん》の没収は、今後日本が国家破産した際にも起こり得るだろう。価値が非常に安定している金《きん》は、国家にとっても非常に利用価値の高い資産のはずだからだ。

これらの金《きん》の特性を考えると、国家破産対策として非常に有効とはいえ、あまり大量の金《きん》を保有するのはやめた方がよい。「資産全体の一割程度」に留めるのが妥当だろう。売買のしやすさなどの面から、金貨や一〇〇グラム程度の地金など、小さい単位で金《きん》を保有するのがよい。大手地金商など、信頼のおける業者で購入するのが安心だ。

国内で準備すべき国家破産対策③——ダイヤモンド

金《きん》と同じく、いやそれ以上に国家破産対策に有効と考えられるのが「ダイヤモンド」だ。ダイヤには金《きん》とは異なるメリットがあり、そのメリットが金《きん》のリスクをかなりの部分で補完し得るため、ダイヤの保有は国家破産対策手段として必須と言える。

ダイヤは金《きん》と比べてスプレッド（売買価格差）が非常に大きく、基本的には投資には不向きだ。また価格の評価についても、金《きん》のように「一グラム（あるいは一オンス）いくら」と明瞭でわかりやすい基準がない。ダイヤの場合、カラット（重量）、透明度、色、カットなどにより価格が決まる。専門的な知識・

技術がなければ、ダイヤを適正に評価することは難しい。

このような特性から、投資対象や資産保全の手段としてダイヤを選ぶ人は多くない。それゆえ、国家権力のダイヤに対する注目度は相対的に低く、ダイヤの没収リスクは非常に低いと考えられる。つまりダイヤの保有は、「金《きん》などの資産没収リスクをヘッジするのに有効」ということだ。

また、金《きん》と異なり持ち運びが容易なのもダイヤのメリットだ。金《きん》もダイヤも高価である点は共通だが、金《きん》はとにかく重い。金《きん》の比重は一九・三二、つまり同じ体積の金《きん》と水を比べると、金《きん》は水よりも二〇倍近く重いということだ。身近なところで、ペットボトルに入った二リットルの水の重さは二キログラムだが、これと同じ体積の金《きん》の重さは、実に四〇キログラム近くにもなる。一キログラムの金《きん》地金は手のひらサイズだが、実際に手のひらに乗せるとズシリと来る重さに驚く。金《きん》を手で持ち運ぶとなると、数キログラム（金額にして数千万円分）でもきついだろう。

一方ダイヤは、金《きん》に比べはるかに小さくて軽い。ダイヤの比重は金《きん》の五分の一弱だ。直径数ミリの一般的なサイズのもので、重さは一グラムにも満たない。こんなに小さくて軽いのに、その価値は数百万円~数千万円もある。ダイヤなら、数億円分の財産を持ち運ぶことも容易にできる。

国家破産以外にも、戦争や自然災害などで社会が混乱した場合、状況によっては手元の財産を持ってどこかに避難しなければならなくなるかもしれない。そのような非常時に、まとまった資産を持ち運ぶのに最適なのが「ダイヤ」だ。

実際、歴史的にも特にヨーロッパの富裕層の間で、有事の際にまとまった資産を容易に持ち出せる手段として、ダイヤが利用されてきた。有事における緊迫の度合いが高まるほど、「有事の資産」としてのダイヤの利用価値も高まるというわけだ。国家破産も含めた有事の生き残りを考えるなら、「資産全体の一割」はダイヤで保有するべきだ。

もちろん、ダイヤなら何でもよいというわけには行かない。資産保全目的の場合、「ルース」(石単体)であることが条件だ。指輪などの、アクセサリーに加工されているものは適さない。加工済みのものは加工費などが上乗せされており、スプレッドが大きくなりやすいためだ。

また、品質が保証されていることも重要だ。世界にはダイヤの鑑定機関がいくつか存在するが、中でもアメリカの鑑定機関「ＧＩＡ」（米国宝石学会）の鑑定書が付いているものがよい。この「ＧＩＡ」が考案したダイヤの品質評価基準が「４Ｃ」だ。カラット（重さ）、クラリティ（透明度）、カラー（色）、カット（プロポーション・仕上げ）という四つの項目からダイヤを評価する。カラット・クラリティ・カラー・カットの頭文字にはすべて「Ｃ」が付くため、「４Ｃ」と呼ばれる。

「４Ｃ」のうち、誰もが知る「カラット」については「重い方が高価」になる。重いほど希少価値は高くなるが、一方で流動性は低くなる。一個数十億円という希少価値の高いダイヤを売りに出しても買える人が限られ、簡単には売れないということになりかねない。同じ重さのダイヤでも、「クラリティ」「カラー」「カット」のグレードが異なると価格は大きく異なる。

一七四～一七七ページの図は、それぞれのグレードの区分を示したものだ。

クラリティ（clarity）：透明度

クラリティグレード			状態
FL		フローレス	10倍の拡大鏡で無傷
IF		インターナル フローレス	10倍の拡大鏡で 内部は無傷 外側にわずかな ひっかき傷
VVS	1	ベリーベリー スライトリー インクルー デッド	10倍の拡大鏡で発見が 極めて困難な内包物
	2		
VS	1	ベリー スライトリー インクルー デッド	10倍の拡大鏡で発見が 多少困難な内包物
	2		
SI	1	スライトリー インクルー デッド	10倍の拡大鏡で発見が 容易な内包物 肉眼では ほぼわからない
	2		
I	1	インクルー デッド	肉眼で発見できる 内包物
	2		
	3		

カラー（color）：色

カラーグレード	状態
D	無色透明
E	
F	
G	ほぼ無色
H	
I	
J	
K	わずかな黄色
L	
M	
N	薄い黄色～黄色
……	
Z	

ダイヤの選択に当たっては、資産価値と流動性とのバランスがポイントになる。具体的には、重さが「一～二カラット」程度、クラリティが「ＶＶＳ２」以上、カラーが「Ｆ」以上、カットは「Ｇｏｏｄ」以上のものを選ぶとよいだろう。

ある意味で「究極の資産」とも言えるダイヤだが、実は資産防衛に有効に利用するのは簡単ではない。一般の人にとって一番の問題は、「ダイヤをどこで買うか」だ。ダイヤは一般の宝飾品店で買うと極めて割高であり、しかも売却する際の買い取り価格が著しく低い。たとえば、一カラットのダイヤが入った三〇〇万円の指輪を購入し、それを買い取りに出すと数分の一程度の価格しか付かない。これでは資産防衛どころか、資産価値が大幅に目減りしてしまう。資産防衛を目的にダイヤを所有する場合、相応の相場で購入・売却ができるルートを利用することが絶対条件となる。

私は長年、資産保全手段としてのダイヤに注目してきたが、肝心の売買ルートがなかなか見付からなかった。しかし、数年前についにそのルートの一つを見出すことができた。実は、ダイヤには専門のオークション市場が存在する。

カット(cut)：形・仕上げ

カットグレード	状態
EXCELLENT	最上級品で光学的に理想
VERY GOOD	非常に良い理想的
GOOD	良好
FAIR	やや劣る
POOR	劣る

そこに出入りできる限られた業者を通じて売買できれば、一般の宝飾品店とは比べ物にならない、非常に有利な価格でダイヤを売買することができるのだ。もちろん、「ＧＩＡの鑑定書」も付いている。

私はこの貴重な情報をお伝えするために、「ダイヤモンド投資情報センター」を開設した。ダイヤによる資産防衛に関心のある方は、巻末に情報を掲載しているのでぜひご参照いただきたい。

「アドバイザーの力」を借りるのが生き残りの近道

ここまでお伝えしてきた対策を着実に実行すれば、厳しい国家破産時代を生き残ることは十分可能だ。しかし、これらの対策をすべて自力で実行するのは容易ではない。「自力で乗り越えよう」という気概は非常に大切だし、「なんでも人まかせ」という姿勢では、国家破産を生き抜くことはまずできない。

だが、海外投資については経験のない人が自力で取り組むのは、〝無謀〟というものだ。何かしらのトラブルに見舞われた時、解決するにはある程度の専門知識が必要だ。そのため、必ずその分野に精通したアドバイザーの力を借りるのが賢明だ。

　私自身も、資産運用・資産保全の助言を行なう会員制クラブを主宰しており、本章で取り上げた国家破産対策手段はすべて情報提供の対象としている。資産規模別に「プラチナクラブ」「ロイヤル資産クラブ」「自分年金クラブ」という三つのクラブを運営している。詳細については巻末のお知らせ（一八八ページ）をご参照いただきたい。そうした専門的なクラブを利用する方が、かえって長い目で見ると安上がりというものだ。

エピローグ

現存の制度が崩壊をし始め、新たな制度が生まれ始めているときには
いつも財政が危機に陥ることになる。
そのため、社会が転換期にあるときには財政分析が最も効果的である。

シュンペーター

破綻は「いつ起きてもおかしくない段階」に入っている

古代ローマ帝国以来、無数の国家が破綻してきた。それらにすべて共通しているのは、いざとなれば国家は「借金を踏み倒し国民の財産を奪ってきた」という冷厳な事実だ。

やはりこの本のタイトル通り、国家破産ではなく国民破産なのだ。この事実を真摯に受け止め、私たち国民は自らの命の次に大切な資産を守るために必死の努力をしなければならない。

今、この瞬間も日本国の借金は、天を目指してすさまじい勢いで増え続けている。ＧＤＰ比三〇〇％という、誰もが経験したことがないような〝未知のゾーン〟へ向け、まっしぐらに突き進んでいる。日本は先進国（Ｇ７）中最悪の借金を抱えているだけでなく、ギリシャよりもはるかにひどい状況だ。

さらに、地球上に存在するすべての国家の中でも、現在ワースト一位（二〇二二年のデータ）という、信じがたい状況に陥っている。四位は、あの国民の半数が食べる物もなくハイパーインフレのために生活が崩壊している南米のベネズエラだ。第八位は、なんと内戦で大混乱に陥り在留外国人がすべて逃げ出したアフリカのスーダンだ。この日本が、戦争状態のスーダンや国家として崩壊状態にあるベネズエラよりひどい借金を背負っているというのも、なんともすさまじい話だ。

そこで、最後にある財政学者の本音のメモをここに掲載し、私たちも心に留めおきたい。

■放漫財政で長く栄えた権力・国家は、古今東西存在しない。

■現在の日本のような規模の財政赤字を非常に長い間持続できた例は、現在の世界を見回してもないし、歴史上にも一切存在しない。将来、破綻する確率は、日に日に高まっている。

■権力による債務の踏み倒しというのは、歴史的に一定の確率で発生してきた。それにより、経済は大きく混乱した。日本の敗戦後の例で言えば、踏み倒された債務を資産として保有していた家計は没落し、高インフレとそれに伴う生活基本物資の不足で、国民生活は大混乱に陥った。

というわけで、私たちは備えなければならない。今まで政府は、財政支援やばら撒きで私たちの生活を応援してくれたが、今後財政が破綻すれば、手のひらを返して私たちの資産を奪いにやってくるのだ。

よく考えてみてほしい。元々政府には、一円のお金もないのだ。それを、税金という形で毎年召し上げて予算として使っているだけなのだ。したがって、もし借金で首が回らなくなれば、一気に私たちの資産を奪って相殺する以外に手はないのだ。

今一度言う。身構えろ、備えろ、他人より早く手を打て‼　いまや、破綻はいつ起きても不思議ではない段階に突入している。本書の警告に耳を傾け、そのノウハウを活用されて、一日も早く準備を実行していただきたい。そして一

○年後にあなたが生き残って、素晴らしい老後を迎えられることを祈ってペンを置きたい。

二〇二三年八月吉日

浅井　隆

■今後、『2025年の衝撃〈上〉〈下〉』『あなたの円が紙キレになる日』（すべて仮題）を順次出版予定です。ご期待下さい。

浅井隆からの重要なお知らせ

——恐慌および国家破産を勝ち残るための具体的ノウハウ

恐慌・国家破産への実践的な対策を伝授する会員制クラブ

私が以前から警告していた通り、いまや世界は歴史上最大最悪の約三京円という額の借金を抱え、それが新型コロナをきっかけとして二〜三年以内に大逆回転しそうな情勢です。中でも日本国政府の借金は先進国中最悪で、この国はいつ破産してもおかしくない状況です。そんな中、あなたと家族の生活を守るためには、二つの情報収集が欠かせません。

一つは「国内外の経済情勢」に関する情報収集、もう一つは国家破産対策としての「海外ファンド」や「海外の銀行口座」に関する情報収集です。これらについては、新聞やテレビなどのメディアやインターネットでの情報収集だけでは十分とは言えません。私はかつて新聞社に勤務し、以前はテレビに出演をしたこともありますが、その経験から言えることは「新聞は参考情報。テレビはあくまでショー（エンターテインメント）」だということです。インターネットも含め、誰もが簡単に入手できる情報でこれからの激動の時代を生き残って行くことはできません。

皆様にとって、最も大切なこの二つの情報収集には、第二海援隊グループ（代表：浅井隆）が提供する特殊な情報と具体的なノウハウをぜひご活用下さい。

◆「自分年金クラブ」「ロイヤル資産クラブ」「プラチナクラブ」

国家破産対策を本格的に実践したい方にぜひお勧めしたいのが、第二海援隊の一〇〇％子会社「株式会社日本インベストメント・リサーチ」（関東財務局長（金商）第九二六号）が運営する三つの会員制クラブ（**「自分年金クラブ」「ロイヤル資産クラブ」「プラチナクラブ」**）です。

まず、この三つのクラブについて簡単にご紹介しましょう。**「自分年金クラブ」**は資産一〇〇〇万円未満の方向け、**「ロイヤル資産クラブ」**は資産一〇〇〇万～数千万円程度の方向け、そして最高峰の**「プラチナクラブ」**は資産一億円以上の方向け（ご入会条件は資産五〇〇〇万円以上）で、それぞれの資産規模に応じた魅力的な海外ファンドの銘柄情報や、国内外の金融機関の活用法に関する情報を提供しています。

恐慌・国家破産は、なんと言っても海外ファンドや海外口座といった「海外の活用」が極めて有効な対策となります。特に海外ファンドについては、私たちは早くからその有効性に注目し、二〇年以上にわたって世界中の銘柄を調査してまいりました。本物の実力を持つ海外ファンドの中には、恐慌や国家破産といった有事に実力を発揮するのみならず、平時には資産運用としても魅力的なパフォーマンスを示すものがあります。こうした情報を厳選してお届けするのが、三つの会員制クラブの最大の特長です。

その一例をご紹介しましょう。三クラブ共通で情報提供する「ATファンド」は、年率五〜七％程度の収益を安定的に挙げています。これは、たとえば年率七％なら三〇〇万円を預けると毎年約二〇万円の収益を複利で得られ、およそ一〇年で資産が二倍になる計算となります。しかもこのファンドは、二〇一四年の運用開始から一度もマイナスを計上したことがないという、極めて優秀な運用実績を残しています。日本国内の投資信託などではとても信じられない数字ですが、世界中を見渡せばこうした優れた銘柄はまだまだあるのです。

冒頭にご紹介した三つのクラブでは、「ATファンド」をはじめとしてより高い収益力が期待できる銘柄や、恐慌などの有事により強い力を期待できる銘柄など、様々な魅力を持ったファンド情報をお届けしています。なお、資産規模が大きいクラブほど、取り扱い銘柄数も多くなっております。

また、ファンドだけでなく金融機関選びも極めて重要です。単に有事にも耐え得る高い信頼性というだけでなく、各種手数料の優遇や有利な金利が設定されている、日本に居ながらにして海外の市場と取引ができるなど、金融機関も様々な特長を持っています。こうした中から、各クラブでは資産規模に適した、魅力的な条件を持つ国内外の金融機関に関する情報を提供し、またその活用方法についてもアドバイスしています。

その他、国内外の金融ルールや国内税制などに関する情報など資産防衛に有用な様々な情報を発信、会員の皆様の資産に関するご相談にもお応えしております。浅井隆が長年研究・実践してきた国家破産対策のノウハウを、ぜひあなたの大切な資産防衛にお役立て下さい。

■詳しいお問い合わせは「㈱日本インベストメント・リサーチ」

TEL：〇三（三二九一）七二九一　FAX：〇三（三二九一）七二九二

Eメール：info@nihoninvest.co.jp

株で資産を作れる時代がやってきた！　〝四つの株投資クラブ〟のご案内

一、「㊙株情報クラブ」

「㊙株情報クラブ」は、普通なかなか入手困難な日経平均の大きなトレンド、現物個別銘柄についての特殊な情報を少人数限定の会員制で提供するものです。しかも、「ゴールド」と「シルバー」の二つの会があります。目標は、提供した情報の八割が予想通りの結果を生み、会員の皆様の資産が中長期的に大きく殖えることです。そのために、日経平均については著名な「カギ足」アナリストの川上明氏が開発した「T1システム」による情報提供を行ないます。川上氏はこれまでも多くの日経平均の大転換を当てていますので、これからも当クラブに入会された方の大きな力になると思います。

また、その他の現物株（個別銘柄）については短期と中長期の二種類にわけて情報提供を行ないます。短期については川上明氏開発の「T14」「T16」という二つのシステムにより日本の上場銘柄をすべて追跡・監視し、特殊な買いサインが出ると即買いの情報を提供いたします。そして、買った値段から一〇％上昇したら即売却していただき、利益を確定します。この「T14」「T16」は、これまでのところ当たった実績が九八％という驚異的なものとなっております（二〇一五年一月～二〇二〇年六月におけるシミュレーション）。

さらに中長期的銘柄としては、浅井の特殊な人脈数人および第二海援隊の一〇〇％子会社である㈱日本インベストメント・リサーチの専任スタッフが選び抜いた日・米・中三ヵ国の成長銘柄を情報提供いたします。特に、スイス在住の市場分析・研究家、吉田耕太郎氏の銘柄選びには定評があります。参考までに、吉田氏が選んだ三つの過去の銘柄の実績を挙げておきます（「㊙株情報クラブ」発足時の情報です)。

まず一番目は、二〇一三年に吉田氏が推奨した「フェイスブック」(現「メタ」)。当時二七ドルでしたが、それが三〇〇ドル超になっています。つまり、七~八年で一〇倍といううすさまじい成績を残しています。二番目の銘柄としては、「エヌビディア」です。こちらは二〇一七年、一〇〇ドルの時に推奨し、六〇〇ドル超となっていますので、四年で六倍以上です。さらに三番目の銘柄の「アマゾン」ですが、二〇一六年、七〇〇ドルの時に推奨し、三二〇〇ドル超です。こちらは五年で四・五倍です。こういった銘柄を中長期的に持つということは、皆様の財産形成において大きく資産を殖やせるものと思われます。

そこで、「ゴールド」と「シルバー」の違いを説明いたしますと、「ゴールド」は小さな銘柄も含めて年四~八銘柄を皆様に推奨する予定です。これはあくまでも目標で年平均なので、多い年と少ない年があるのはご了承下さい。「シルバー」に関しては、小さな銘柄(売買が少なかったり、上場されてはいるが出来高が非常に少ないだけではなく時価総額も少なくてちょっとしたお金でも株価が大きく動く銘柄）は情報提供をいたしません。これは、情報提供をするとそれだけで上がる危険性があるためです（「ゴールド」は人数が少ないので小さな銘柄も情報提供いたします）。そのため、「シルバー」の推奨銘柄は年三〜六銘柄と少なくなっております。

「ゴールド」はまさに少人数限定二〇名のみ、「シルバー」も六〇名限定となっております。「シルバー」は二次募集をする可能性もあります。

クラブは二〇二一年六月よりサービスを開始しており、すでに会員の皆様へ有用な情報をお届けしております。

なお、二〇二一年六月二六日に無料説明会（「㊙株情報クラブ」「ボロ株クラブ」合同）を第二海援隊隣接セミナールームにて開催いたしました。その時のCDを二〇〇〇円（送料込み）にてお送りしますのでお問い合わせ下さい。

皆様の資産を大きく殖やすという目的のこの二つのクラブは、皆様に大変有益な情報提供ができると確信しております。奮ってご参加下さい。

■お問い合わせ先：㈱日本インベストメント・リサーチ「㊙株情報クラブ」

TEL：〇三（三二九一）七二九一　FAX：〇三（三二九一）七二九二
Eメール：info@nihoninvest.co.jp

二、「ボロ株クラブ」

「ボロ株」とは、主に株価が一〇〇円以下の銘柄を指します。何らかの理由で売り叩かれ、投資家から相手にされなくなった〝わけアリ〟の銘柄もたくさんあり、証券会社の営業マンがお勧めすることもありませんが、私たちはそここそ収益機会があると確信しています。

過去一〇年、〝株〟と聞くと多くの方は成長の著しいアメリカのICT（情報通信技術）関連の銘柄を思い浮かべるのではないでしょうか。アップルやFANG（フェイスブック〈現「メタ」〉、アマゾン、ネットフリックス、グーグル）、さらには大手EVメーカーのテスラといったICT銘柄の騰勢は目を見張るほどでした。しかし、こうした銘柄はボラティリティが高くよほどの〝腕〟が求められることでしょう。

「人の行く裏に道あり花の山」という相場の格言があります。「人はとかく群集心理で動きがちだ。いわゆる付和雷同である。ところが、それでは大きな成功は得られない。むしろ他人とは反対のことをやった方が、うまく行く場合が多い」とこの格言は説いています。すなわち、私たちはなかば見捨てられた銘柄にこそ大きなチャンスが眠っていると考えています。実際、「ボロ株」はしばしば大化けします。事実として先に開設されている「日米成長株投資クラブ」で情報提供した低位株（「ボロ株」を含む株価五〇〇円以下の銘柄）は、二〇一九～二〇年に多くの実績を残しました。

もちろん、やみくもに「ボロ株」を推奨して行くということではありません。弊社が懇意にしている「カギ足」アナリスト川上明氏の分析を中心に、さらには同氏が開発した自動売買判断システム「ＫＡＩ―解―」からの情報も取り入れ、短中長期すべてをカバーしたお勧めの取引（銘柄）をご紹介します。

構想から開発までに十数年を要した「ＫＡＩ」には、すでに多くの判断システムが組み込まれていますが、「ボロ株クラブ」ではその中から「Ｔ８」というシステムによる情報を取り入れています。T８の戦略を端的に説明しますと、「ある銘柄が急騰し、その後に反落、そしてさらにその後のリバウンド（反騰）を狙う」となります。

川上氏のより具体的な説明を加えましょう――「ある銘柄が急騰すると、利益確定に押され急落する局面が往々にしてあるが、出遅れ組の押し目が入りやすい。すなわち、急騰から反落の際には一度目の急騰の際に買い逃した投資家の買いが入りやすい」。過去の傾向からしても、およそ七割の確率でさらなるリバウンドが期待できるとのことです。そして、リバウンド相場は早く動くことが多いため、投資効率が良くデイトレーダーなどの個人投資家にとっては打って付けの戦略と言えます。川上氏は、生え抜きのエンジニアと一緒に一九九〇〜二〇一四年末までのデータを使ってパラメータ（変数）を決定し、二〇一五年一月四日〜二〇二〇年五月二〇日までの期間で模擬売買しています。すると、勝率八割以上という成績になりました。一銘柄ごとの平均リターンは約五％強ですが、「ボロ株クラブ」では、「T８」の判断を元に複数の銘柄を取引することで目標年率二〇％以上を目指します。

これら情報を複合的に活用することで、年率四〇％も可能だと考えています。年会費も第二海援隊グループの会員の皆様にはそれぞれ割引サービスをご用意しております。詳しくは、お問い合わせ下さい。また、「ボロ株」の「時価総額や出来高が少ない」という性質上、無制限に会員様を募ることができません。一〇〇名を募集上限（第一次募集）とします。

■お問い合わせ先：㈱日本インベストメント・リサーチ「ボロ株クラブ」
TEL：〇三（三二九一）七二九一　FAX：〇三（三二九一）七二九二
Eメール：info@nihoninvest.co.jp

三、「日米成長株投資クラブ」

世界経済の潮流は、「低インフレ・低金利」から「高インフレ・高金利」に大きく様変わりしました。資産の防衛・運用においても、長期的なインフレ局面に則した考え方、取り組みが必要となります。

端的に言えば、インフレでは通貨価値が減少するため、現金や預金で資産を持つのは最悪手となります。リスクを取って、積極的な投資行動に打って出ることが極めて有効かつ重要となります。中でも、「株式投資」は誰にでも取り組みやすく、しかもやり方次第では非常に大きな成果を挙げ、資産を増大させることが可能です。

浅井隆は、インフレ時代の到来と株式投資の有効性に着目し、インフレトレンドが本格化する前の二〇一八年、「日米成長株投資クラブ」を立ち上げ、株式に関する情報提供、助言を行なってきました。クラブの狙いは、株式投資に特化しつつも経済トレンドの変化にも対応するという、ほかにはないユニークな情報を提供する点です。現代最高の投資家であるウォーレン・バフェット氏とジョージ・ソロス氏の投資哲学を参考として、割安な株、成長期待の高い株を見極め、じっくり保有するバフェット的発想と、経済トレンドを見据えた大局観の投資判断を行なって行くソロス的手法を両立することで、大激動を逆手に取り、「一〇年後に資産一〇倍」を目指します。

経済トレンド分析には、私が長年信頼するテクニカル分析の専門家、川上明氏による「カギ足分析」を主軸としつつ、長年多角的に経済トレンドの分析を行なってきた浅井隆の知見も融合して行きます。川上氏のチャート分析は極めて強力で、たとえば日経平均では三三年間で約七割の驚異的な勝率を叩き出しています。

また、個別銘柄については発足から二〇二三年一月までに延べ五〇銘柄程度を情報提供してきましたが、多くの銘柄で良好な成績を残し、会員の皆様に収益機会となる情報をお届けすることができました。これらの銘柄の中には、低位小型株から比較的大型のものまで含まれており、中には短期的に連日ストップ高を記録し数倍に大化けしたものもあります。

会員の皆様には、こうした情報を十分に活用していただき、当クラブにて大激動をチャンスに変えて大いに資産形成を成功させていただきたいと考えております。ぜひこの機会を逃さずにお問い合わせ下さい。サービス内容は以下の通りです。

1．浅井隆、川上明氏（テクニカル分析専門家）が厳選する国内の有望銘柄の情報提供
2．株価暴落の予兆を分析し、株式売却タイミングを速報
3．日経平均先物、国債先物、為替先物の売り転換、買い転換タイミングを速報
4．バフェット的発想による、日米の超有望成長株銘柄を情報提供

詳しいお問い合わせは「㈱日本インベストメント・リサーチ」
TEL：〇三（三二九一）七二九一　FAX：〇三（三二九一）七二九二
Eメール：info@nihoninvest.co.jp

四、「オプション研究会」

二〇二二年二月、突如として勃発したロシアのウクライナ侵攻によって、冷戦終結から保たれてきた平和秩序は打ち破られ、世界はまったく新しい局面を迎えました。これから到来する時代は、「平和と繁栄」から「闘争と淘汰」と

いう厳しいものになるかもしれません。そして、天文学的債務を抱える日本においては、財政破綻、徳政令、株価暴落といった経済パニックや、台湾有事など地政学的なリスク、さらには東南海地震や首都直下地震などの天災など、様々な激動に見舞われるでしょう。

もちろん、こうした激動の時代には大切な資産も大きなダメージを受けることになります。一見すると絶望的にも思われますが、実は考え方を変えれば「激動の時代＝千載一遇の投資のチャンス」にもなるのです。そして、それを実現するための極めて有効な投資の一つが「オプション取引」なのです。

「オプション取引」は、株式などの一般的な取引とは異なり、短期的な市場の動きに大きく反応し、元本の数十～一〇〇〇倍以上もの利益を生み出すこともあるものです。そうした大きな収益機会を、「買い建て」のみで取り組むことで、損失リスクを限定しながらつかむことができるのです。激動の時代には市場も大きく揺れ動き、「オプション取引」においても前述したような巨大な収益機会がたびたび生まれることになります。もちろん、市場が暴落した時のみならず、急落から一転して大反騰した時にもそうしたチャンスが発生し、それを活用することができます。市場の上げ、下げいずれもがチャンスとなるわけです。

「オプション取引」の重要なポイントを今一度まとめます。

・非常に短期（数日〜一週間程度）で、数十倍〜数百倍の利益を上げることも可能
・しかし、「買い建て」取引のみに限定すれば、損失は投資額に限定できる
・恐慌、国家破産などで市場が大荒れするほどに収益機会が広がる
・最低投資額は一〇〇〇円（取引手数料は別途）
・株やFXと異なり、注目すべき銘柄は基本的に「日経平均株価」の動きのみ
・給与や年金とは分離して課税される（税率約二〇％）

こうした極めて魅力的な特長を持つ「オプション取引」ですが、これを活用するにはオプションとその取引方法に習熟することが必須となります。オプションの知識習得と、パソコンやスマホによる取引操作の習熟が大きなカギですが、「オプション取引」はこれらの労を割くに値するだけの強力な「武器」に

なり得ます。

もし、これからの激動期を「オプション取引」で挑んでみたいとお考えであれば、第二海援隊グループがその習熟を「情報」と「助言」で強力に支援いたします。二〇一八年一〇月に発足した「オプション研究会」では、「オプション取引」はおろか株式投資などほかの投資経験もないという方にも、道具の揃え方から基本知識の伝授、投資の心構え、市況変化に対する考え方や収益機会のとらえ方など、初歩的な事柄から実践に至るまで懇切丁寧に指導いたします。

また二〇二一年秋には収益獲得のための新たな戦略「オプション取引」の会員様への情報提供を開始しました。「三〇%複利戦法」は、大きな収益を得られる可能性がある反面、収益局面を当てるのが難しいという傾向がありますが、新戦略では利益率を抑える代わりに勝率を上げることを目指していますす。こうした戦略もうまく使うことで、「オプション取引」の面白さを実感していただけることでしょう。これからの「恐慌経由、国家破産」というピンチをチャンスに変えたい方のご入会を心よりお待ちしております。

※なお、オプション研究会のご入会には、「日米成長株投資クラブ」の会員であることが条件となります。また、ご入会時には当社規定に基づく審査があります。あらかじめご了承下さい。

「㈱日本インベストメント・リサーチ オプション研究会」担当 山内・稲垣・関

TEL：〇三（三二九一）七二九一　FAX：〇三（三二九一）七二九二

Eメール：info@nihoninvest.co.jp

◆「オプション取引」習熟への近道を知るための「セミナーDVD・CD」発売中

「オプション取引」の習熟を全面支援し、また取引に参考となる市況情報なども提供する「オプション研究会」。その概要を知ることができる「DVD／CD」を用意しています。

■「オプション研究会 無料説明会 受講DVD／CD」■

浅井隆自らがオプション投資の魅力と活用のポイントについて解説し、また専任スタッフによる「オプション研究会」の具体的内容を説明した「オプション研究会 無料説明会」（二〇一八年一二月一五日開催）の模様を収録したDVD／CDです。「浅井隆からのメッセージを直接聞いてみたい」「オプション研究会への理解を深めたい」という方は、ぜひご入手下さい。

「オプション研究会 無料説明会 受講DVD／CD」（約一六〇分）

価格　DVD　三〇〇〇円（送料込）／CD　二〇〇〇円（送料込）

※お申込み確認後、約一〇日で代金引換にてお届けいたします。

■以上、「オプション研究会」、DVD／CDに関するお問い合わせは、

㈱日本インベストメント・リサーチ「オプション研究会」担当：山内・稲垣・関

TEL：〇三（三二九一）七二九一　FAX：〇三（三二九一）七二九二

Eメール：info@nihoninvest.co.jp

「国家破産 資産シミュレーション」サービス開始

古今東西、あらゆる国家破産は、事実上国民の財産によって清算されてきま

した。まさに「国家破産とはすなわち国民破産」なのです。しかしながら、すべての国民の資産が国家破産によって無価値になり、あるいは国家に収奪されるわけではありません。破綻国家をつぶさに調べて行くと、価値が失われにくい資産がどのようなものかがはっきりと見えてきます。そうした情報を上手に使って、適切な対策を講じることで影響を少なくすることができるのです。

日本の財政危機は、コロナ禍による財政出動を通じてさらに加速し、いよいよ最終局面に突入しつつあります。資産防衛の対策を講じるために、残された時間はわずかと言えます。しかしながら、漠然と「個人財産が危機にさらされる」と言っても、実感がわかないのが率直なところでしょう。また、何から手を付ければよいのかも、なかなか見当がつかないことと思います。

そこで、第二海援隊一〇〇%子会社の「日本インベストメント・リサーチ」にて、新たなサービスとなる「国家破産　資産シミュレーション」を開始いたしました。第二海援隊グループの二五年以上にわたる国家破産研究に基づいたノウハウを活用し、個々人の資産現況から国家破産時にどのような影響を受け、資産がどの程度ダメージを受けるのかのシミュレーションを算出いたします。

またご希望に応じて、「日本インベストメント・リサーチ」スタッフによるシミュレーションの詳細説明や、実行すべき資産防衛対策のご提案も行ないます。

◆「国家破産　資産シミュレーション」実施概要

実施期間：二〇二三年九月一日〜二〇二四年三月三一日（期間延長あり）
費用：二万円　（当社各クラブの会員様は別途割引あり）
〈シミュレーションの流れ〉
1．お客様の現在の資産状況をご提出いただきます。
2．国家破産の状況を「最悪時」と「ソフトランディング時」に場合わけし、それぞれでお客様の資産がどのように変化するか、シミュレーション結果をお返しします。
3．合わせて、どのような対策に着手すべきかをご提案します。
4．ご希望に応じて、評価結果や対策について、スタッフが対面（または電話など）にて説明いたします。

注記：お預かりした資産関連の情報は、シミュレーション目的のみに使用し、
　　また シミュレーション後は原則として情報を破棄します。

国家破産対策において重要なことは、まずはなにより「現状を知ること」、そして次に「どの対策を講じるか」を定めることにあります。「国家破産 資産シミュレーション」は、その第一歩をより確かに踏み出す助けとなるでしょう。ぜひとも、奮ってご活用をご検討下さい。

■詳しいお問い合わせは「㈱日本インベストメント・リサーチ」

TEL：〇三（三二九一）七二九一　FAX：〇三（三二九一）七二九二

Eメール：info@nihoninvest.co.jp

厳しい時代を賢く生き残るために必要な情報を収集するために

◆〝恐慌および国家破産対策〟の入口「経済トレンドレポート」

電子版も好評配信中！

皆様に特にお勧めしたいのが、浅井隆が取材した特殊な情報をいち早くお届けする「経済トレンドレポート」です。今まで、数多くの経済予測を的中させてきました。そうした特別な経済情報を年三三回（一〇日に一回）発行のレポートでお届けします。初心者や経済情報に慣れていない方にも読みやすい内容で、新聞やインターネットに先立つ情報や、大手マスコミとは異なる切り口からまとめた情報を掲載しています。

さらにその中で、恐慌、国家破産に関する『特別緊急警告』『恐慌警報』『国家破産警報』も流しております。「激動の二一世紀を生き残るために対策をしなければならないことは理解したが、何から手を付ければよいかわからない」「経済情報をタイムリーに得たいが、難しい内容には付いて行けない」という方は、最低でもこの経済トレンドレポートをご購読下さい。年間、約四万円で生き残るための情報を得られます。また、経済トレンドレポートの会員になられますと、当社主催の講演会など様々な割引・特典を受けられます。

■詳しいお問い合わせ先は、㈱第二海援隊　担当：島﨑

TEL：〇三（三二九一）六一〇六　FAX：〇三（三二九一）六九〇〇

Eメール：info@dainikaientai.co.jp

ホームページアドレス：http://www.dainikaientai.co.jp/

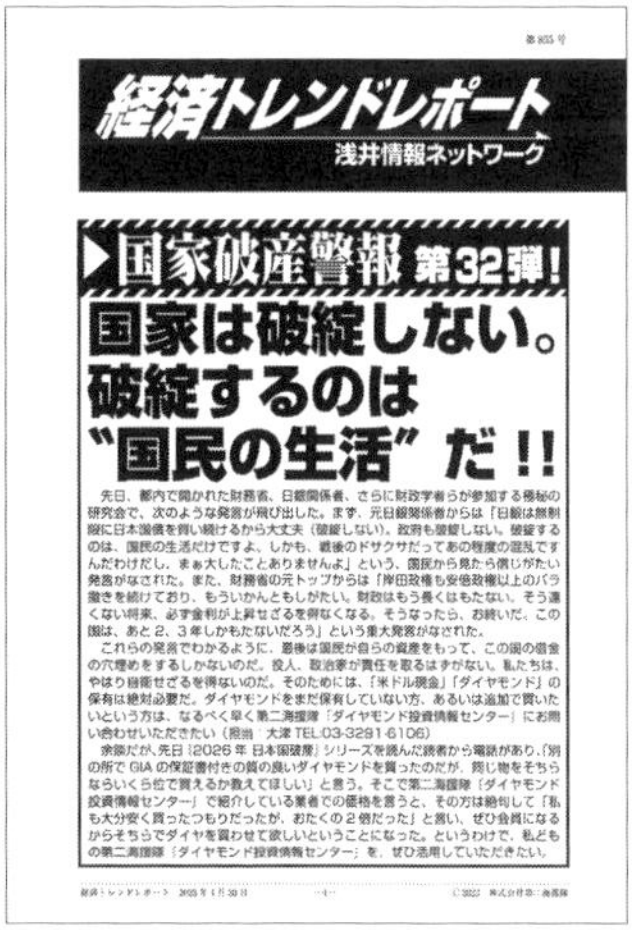
経済トレンドレポート
浅井情報ネットワーク

▶国家破産警報 第32弾！

国家は破綻しない。破綻するのは“国民の生活”だ！！

先日、都内で開かれた財務省、日銀関係者、さらに財政学者らが参加する極秘の研究会で、次のような発言が飛び出した。まず、元日銀関係者からは「日銀は無制限に日本国債を買い続けるから大丈夫（破綻しない）。政府も破綻しない。破綻するのは、国民の生活だけですよ、しかも、戦後のドサクサだってあの程度の混乱ですんだわけだし、まぁ大したことありませんよ」という、国民から見たら信じがたい発言がなされた。また、財務省の元トップからは「岸田政権も安倍政権以上のバラ撒きを続けており、もういかんともしがたい。財政はもう長くはもたない。そう遠くない将来、必ず金利が上昇せざるを得なくなる。そうなったら、お終いだ。この国は、あと2、3年しかもたないだろう」という重大発言がなされた。

これらの発言でわかるように、最後は国民が自らの資産をもって、この国の借金の穴埋めをするしかないのだ。役人、政治家が責任を取るはずがない。私たちは、やはり自衛せざるを得ないのだ。そのためには、「米ドル現金」「ダイヤモンド」の保有は絶対必要だ。ダイヤモンドをまだ保有していない方、あるいは追加で買いたいという方は、なるべく早く第二海援隊「ダイヤモンド投資情報センター」にお問い合わせいただきたい（担当：大津 TEL:03-3291-6106）

余談だが、先日『2026年 日本国破産』シリーズを読んだ読者から電話があり、「別の所でGIAの保証書付きの質の良いダイヤモンドを買ったのだが、同じ物をそちらならいくら位で買えるか教えてほしい」と言う。そこで第二海援隊「ダイヤモンド投資情報センター」で紹介している業者での価格を言うと、その方は絶句して「私も大分安く買ったつもりだったが、おたくの2倍だった」と言い、ぜひ会員になるからそちらでダイヤを買わせて欲しいということになった。というわけで、私どもの第二海援隊「ダイヤモンド投資情報センター」を、ぜひ活用していただきたい。

2023年4月30日号

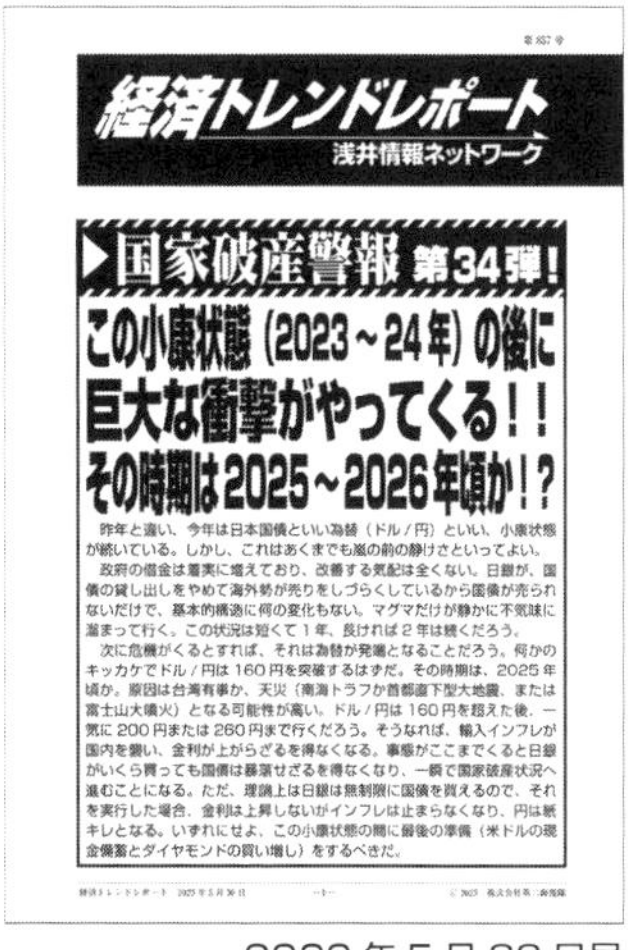
経済トレンドレポート
浅井情報ネットワーク

▶国家破産警報 第34弾！

この小康状態（2023～24年）の後に巨大な衝撃がやってくる！！その時期は2025～2026年頃か！？

昨年と違い、今年は日本国債といい為替（ドル/円）といい、小康状態が続いている。しかし、これはあくまでも嵐の前の静けさといってよい。

政府の借金は着実に増えており、改善する気配は全くない。日銀が、国債の貸し出しをやめて海外勢が売りをしづらくしているから国債が売られないだけで、基本的構造に何の変化もない。マグマだけが静かに不気味に溜まって行く。この状況は短くて1年、長ければ2年は続くだろう。

次に危機がくるとすれば、それは為替が発端となることだろう。何かのキッカケでドル/円は160円を突破するはずだ。その時期は、2025年頃か。原因は台湾有事か、天災（南海トラフか首都直下型大地震、または富士山大噴火）となる可能性が高い。ドル/円は160円を超えた後、一気に200円または260円まで行くだろう。そうなれば、輸入インフレが国内を襲い、金利が上がらざるを得なくなる。事態がここまでくると日銀がいくら買っても国債は暴落せざるを得なくなり、一瞬で国家破産状況へ進むことになる。ただ、理論上は日銀は無制限に国債を買えるので、それを実行した場合、金利は上昇しないがインフレは止まらなくなり、円は紙キレとなる。いずれにせよ、この小康状態の間に最後の準備（米ドルの現金備蓄とダイヤモンドの買い増し）をするべきだ。

2023年5月30日号

「経済トレンドレポート」は情報収集の手始めとしてぜひお読みいただきたい。

◆浅井隆のナマの声が聞ける講演会

著者・浅井隆の講演会を開催いたします。二〇二三年は福岡・一〇月一三日（金）、名古屋・一〇月二〇日（金）、二〇二四年は東京・一月一三日（土）で予定しております。経済の最新情報をお伝えすると共に、生き残りの具体的な対策を詳しく、わかりやすく解説いたします。

活字では伝えることのできない、肉声による貴重な情報にご期待下さい。

■詳しいお問い合わせ先は、㈱第二海援隊

ＴＥＬ：〇三（三二九一）六一〇六　ＦＡＸ：〇三（三二九一）六九〇〇

Ｅメール：info@dainikaientai.co.jp

他にも第二海援隊独自の〝特別情報〟をご提供

◆「ダイヤモンド投資情報センター」

現物資産を持つことで資産保全を考える場合、小さくて軽いダイヤモンドは持ち運びも簡単で、大変有効な手段と言えます。近代画壇の巨匠・藤田嗣治は太平洋戦争後、混乱する世界を渡り歩く際、資産として持っていたダイヤモンドを絵の具のチューブに隠して持ち出し、渡航後の糧にしました。金《きん》（ゴールド）だけの資産防衛では不安という方は、ダイヤモンドを検討するのも一手でしょう。しかし、ダイヤモンドの場合、金《きん》とは違って公的な市場が存在せず、専門の鑑定士がダイヤモンドの品質をそれぞれ一点ずつ評価して値段が決まるため、売り買いは金《きん》に比べるとかなり難しいという事情があります。そのため、信頼できる専門家や取り扱い店と巡り合えるかが、ダイヤモンドでの資産保全の成否のわかれ目です。

そこで、信頼できるルートを確保し業者間価格の数割引という価格での購入が可能で、ＧＩＡ（米国宝石学会）の鑑定書付きという海外に持ち運んでも適正価格での売却が可能な条件を備えたダイヤモンドの売買ができる情報を提供いたします。

ご関心がある方は「ダイヤモンド投資情報センター」にお問い合わせ下さい。

■お問い合わせ先：㈱第二海援隊　TEL：〇三（三二九一）六一〇六　担当：大津

◆第二海援隊ホームページ

第二海援隊では様々な情報をインターネット上でも提供しております。詳しくは「第二海援隊ホームページ」をご覧下さい。私ども第二海援隊グループは、皆様の大切な財産を経済変動や国家破産から守り殖やすためのあらゆる情報提供とお手伝いを全力で行ないます。

また、浅井隆によるコラム「天国と地獄」を連載中です。経済を中心に長期的な視野に立って浅井隆の海外をはじめ現地生取材の様子をレポートするなど、独自の視点からオリジナリティあふれる内容をお届けします。

■ホームページアドレス：http://www.dainikaientai.co.jp/

第二海援隊
HPはこちら

今までにない唯一無二の会員制クラブ「投資の王様」へのお誘い

「投資の神様」ウォーレン・バフェットは、伝統的投資対象でありかつプロ・

アマを問わず非常に多くの投資家が取り組む株式投資において、数十年もの間トップを走り続けている伝説的な投資家です。

彼の投資哲学はいたってシンプルで、その投資技術も奇をてらったものではないのですが、しかし多くの人が彼のアイデアを模倣するものの、彼ほどの圧倒的な結果を残すには至っていません。逆に言えば、シンプルな投資哲学を誰よりも徹底して実践するからこそ圧倒的な結果を残し、唯一無二の「神様」と呼ばれるのかもしれません。

投資の世界は、誰もがバフェットのような大成功を収められるような甘い世界ではありません。しかし、誰かと競い、打ち勝ってナンバーワンとなることが必要な世界でもありません。また、人と比べたり、人より秀でたりすることも必要ありません。投資家（特に個人投資家）にとって本当に重要なことは、「投資の勝者」ではなく「投資の成功者」になることです。戦国の乱世のごとく日々勝負が繰り広げられる投資の世界において、勝ち残り続けて唯一無二の「殿上人」や「神様」になることは至難ですが、歴戦を生き残り「一国一城の主」すなわち「王様」であり続けることは可能です。そして、それが目指すべき「投資の成功者」のありようでもあります。「投資の成功者」とは、別の表現をするなら投資の乱世を生き残れる「投資の王様」になるということです。

二〇二〇年から三年強にわたった新型コロナウイルスの世界的流行と収束を通じて、世界はこれまでとはまったく異なるトレンドに突入しました。高インフレ・高金利、そしてロシアのウクライナ侵攻に代表される世界秩序の変貌と不確実性の高まりは、激動の時代を予感させるものであり、人々の不安を大いにかき立てるものです。しかしながら、実は投資を行なうにおいては、こうした不安な時代に生じる「変化の増大」こそ大いなるチャンスとなります。たとえ少ない軍資金からでも、大きな資産を築くことが相対的に容易となるためです。「投資の王様」を目指すのに、格好の時代が到来しつつあるのです。

では、いかにして「投資の王様」を目指すのがよいのでしょうか。投資には様々なスタイルがあり、人によって向き、不向きがあります。超短期から超長期まで取り組む時間軸も様々、さらに投資対象も株式から先物・オプション、債券、不動産、為替、海外ファンド、さらには現物資産まで実に多岐にわたります。それぞれの投資方法に特性や利点、さらに注意すべき点があり、得意とする局面や弱みなども異なってきます。

これらをすべて網羅し、自身に合った投資スタイルに基づいて適切なタイミングで投資を行なうことができれば、たとえ実際の投資回数がそれほど多くなくとも、十分に「投資の王様」になることはできるでしょう。ただ、それは容易な道ではありません。それぞれの投資のルールを覚え、取引のコツや技術、作戦を習得し、自分なりの勝ち方を確立するわけですから、一筋縄では行かないのは当然です。

そこで今回、本当に「投資の王様」を目指したい方に向けて、「第二海援隊グループ」の「日本インベストメント・リサーチ」が持てるノウハウを駆使し、さらに浅井隆の厳選情報も提供して「投資の王様」への道を全面的にサポートする、少人数限定の会員制クラブ『投資の王様』の発足を計画しました。その内容を一言で要約すると、「今までにない唯一無二の特別なクラブ」です。ここで簡単に概要を紹介します。

まず『投資の王様』の最大の特長は、今までにない丁寧できめ細やかなサービス提供にあります。投資助言経験および自身の投資経験も豊富な当社の専任スタッフが会員様お一人おひとりに付き、「専属トレーナー」あるいは「専属軍師」のように投資の成功への道をサポートします。今まで取り組んだことのない投資についても、基本的な知識から取引方法、テクニックに至るまで懇切丁寧に指導します。

また、助言対象も多岐にわたります。株式、不動産、為替、海外ファンドから現物資産や暗号通貨など最新の投資に至るまで、幅広い投資対象を活用して行きます。投資スタンスは、バフェットにならい長期投資を基本スタンスとします。数年に一度のような重要なタイミングに的を絞り、目先の小幅な利益ではなく長期的にしっかりとした利益を獲得することを目指します。ただ一方で、株価暴落などの相場急変局面では高確度の短期収益機会が到来することもあります。こうしたタイミングでは、機動性の高い投資戦術も活用し、収益の極大化を図って行きます。

さらに、不動産や金《きん》、ダイヤモンドといった、金融市場とは異なる値動きを見せる資産についても、その市場動向から中長期視点での耳寄り情報を提供します。そして、独自の相場観と投資に対する総合的な分析・判断力を養っていただくべく、浅井隆が経済に関する様々な注目情報をスマホ・アプリを通じてタイムリーに直接お届けするという、今までにないサービスも提供を予定しています。「自分なりの投資の成功を本気で目指したい」という方には、まさに打って付けのクラブになると自負しております。ご関心がおありの方は、ぜひとも『投資の王様』のご活用をご検討下さい。

詳しいお問い合わせは「㈱日本インベストメント・リサーチ」

TEL：〇三（三二九一）七二九一　FAX：〇三（三二九一）七二九二

Eメール：info@nihonivest.co.jp

〈参考文献〉

【新聞・通信社】

『日本経済新聞』『朝日新聞』『産経新聞』『ロイター』

【書籍】

『シュメル――人類最古の文明』（小林登志子著　中央公論新社）
『徳政令　中世の法と慣習』（笠松宏至著　岩波書店）
『徳政令　なぜ借金は返さなければならないのか』（早島大祐著　講談社）

【拙著】

『2014年日本国破産〈警告編〉』（第二海援隊）
『2014年日本国破産〈対策編①〉』（第二海援隊）
『2014年日本国破産〈対策編②〉』（第二海援隊）
『2010年の衝撃』（第二海援隊）『老後資金枯渇』（第二海援隊）
『いよいよ政府があなたの財産を奪いにやってくる⁉』（第二海援隊）
『この国は95%の確率で破綻する‼』（第二海援隊）
『浅井隆の大予言〈上〉』（第二海援隊）『2025年の大恐慌』（第二海援隊）
『コロナでついに国家破産』（第二海援隊）
『有事資産防衛　金か？　ダイヤか？』（第二海援隊）
『2026年日本国破産〈あなたの身に何が起きるか編〉』（第二海援隊）
『2026年日本国破産〈対策編・上〉』（第二海援隊）
『2026年日本国破産〈対策編・下〉』（第二海援隊）

【その他】

『ロイヤル資産クラブレポート』

【ホームページ】

フリー百科事典『ウィキペディア』
『日本銀行』『財務省』『総務省』『国税庁』『IMF』『OECD』『NHK』
『ASB』『三井住友銀行』『DQYDJ』『日経ビジネス』
『東洋経済オンライン』『Let's GOLD』『社会実情データ図録』

〈著者略歴〉

浅井　隆　（あさい　たかし）

経済ジャーナリスト。1954 年東京都生まれ。学生時代から経済・社会問題に強い関心を持ち、早稲田大学政治経済学部在学中に環境問題研究会などを主宰。一方で学習塾の経営を手がけ学生ビジネスとして成功を収めるが、思うところあり、一転、海外放浪の旅に出る。帰国後、同校を中退し毎日新聞社に入社。写真記者として世界を股にかける過酷な勤務をこなす傍ら、経済の猛勉強に励みつつ独自の取材、執筆活動を展開する。現代日本の問題点、矛盾点に鋭いメスを入れる斬新な切り口は多数の月刊誌などで高い評価を受け、特に 1990 年東京株式市場暴落のナゾに迫る取材では一大センセーションを巻き起こす。
その後、バブル崩壊後の超円高や平成不況の長期化、金融機関の破綻など数々の経済予測を的中させてベストセラーを多発し、1994 年に独立。1996 年、従来にないまったく新しい形態の 21 世紀型情報商社「第二海援隊」を設立し、以後約 20 年、その経営に携わる一方、精力的に執筆・講演活動を続ける。
主な著書：『大不況サバイバル読本』『日本発、世界大恐慌！』（徳間書店）『95 年の衝撃』（総合法令出版）『勝ち組の経済学』（小学館文庫）『次にくる波』（PHP 研究所）『HuMan Destiny』（『9・11 と金融危機はなぜ起きたか !?〈上〉〈下〉』英訳）『いよいよ政府があなたの財産を奪いにやってくる !?』『徴兵・核武装論〈上〉〈下〉』『最後のバブルそして金融崩壊『国家破産ベネズエラ突撃取材』『都銀、ゆうちょ、農林中金まで危ない !?』『巨大インフレと国家破産』『年金ゼロでやる老後設計』『ボロ株投資で年率 40％も夢じゃない !!』『2030 年までに日経平均 10 万円、そして大インフレ襲来 !!』『コロナでついに国家破産』『老後資金枯渇』『2022 年インフレ大襲来』『2026 年日本国破産〈警告編〉〈あなたの身に何が起きるか編〉〈現地突撃レポート編〉〈対策編・上／下〉』『極東有事——あなたの町と家族が狙われている！』『オレが香港ドルを暴落させる　ドル / 円は 150 円経由 200 円へ！』『巨大食糧危機とガソリン 200 円突破』『2025 年の大恐慌』『1 ドル = 200 円時代がやってくる !!』『ドル建て金持ち、円建て貧乏』『20 年ほったらかして 1 億円の老後資金を作ろう！』『投資の王様』『国家破産ではなく国民破産だ！〈上〉』（第二海援隊）など多数。

国家破産ではなく国民破産だ！〈下〉

2023 年 10 月 12 日　初刷発行

著　者　浅井　隆
発行者　浅井　隆
発行所　株式会社　第二海援隊
〒 101-0062
東京都千代田区神田駿河台２-５-１　住友不動産御茶ノ水ファーストビル８Ｆ
電話番号　03-3291-1821　　ＦＡＸ番号　03-3291-1820

印刷・製本／株式会社シナノ

　ISBN978-4-86335-236-0

Printed in Japan

第二海援隊発足にあたって

日本は今、重大な転換期にさしかかっています。にもかかわらず、私たちはこの極東の島国の上で独りよがりのパラダイムにどっぷり浸かって、まだ太平の世を謳歌しています。

しかし、世界はもう動き始めています。その意味で、現在の日本はあまりにも「幕末」に似ているのです。ただ、今の日本人には幕末の日本人と比べて、決定的に欠けているものがあります。それこそ、志と理念です。現在の日本は世界一の債権大国（＝金持ち国家）に登り詰めはしましたが、人間の志と資質という点では、貧弱な国家になりはててしまいました。それこそが、最大の危機といえるかもしれません。

そこで私は「二十一世紀の海援隊」の必要性を是非提唱したいのです。今日本に必要なのは、技術でも資本でもありません。志をもって大変革を遂げることのできる人物と、それを支える情報です。まさに、情報こそ〝力〟なのです。そこで私は本物の情報を発信するための「総合情報商社」および「出版社」こそ、今の日本に最も必要と気付き、自らそれを興そうと決心したのです。

しかし、私一人の力では微力です。是非皆様の力をお貸しいただき、二十一世紀の日本のために少しでも前進できますようご支援、ご協力をお願い申し上げる次第です。

浅井　隆